KB028071

돈의 흐름에 올라타라

돈의 흐름에 올라타라

1쇄 발행 2022년 1월 14일
8쇄 발행 2022년 1월 21일

지은이 홍춘욱
펴낸이 유해룡
펴낸곳 (주)스마트북스
출판등록 2010년 3월 5일 | 제2021-000149호
주소 서울시 영등포구 영등포로5길 19, 동아프라임밸리 611호
편집전화 02)337-7800 | **영업전화** 02)337-7810 | **팩스** 02)337-7811

원고투고 www.smartbooks21.com/about/publication
홈페이지 www.smartbooks21.com

ISBN 979-11-90238-76-2 13320

copyright © 홍춘욱, 2022
이 책은 저작권법에 따라 보호받는 저작물이므로 무단 전재와 무단 복제를 금합니다.
Published by SmartBooks, Inc. Printed in Korea

돈의 신호를 포착하는 법

돈의 흐름에 올라타라

홍춘욱 지음

스마트북스

추천사

나의 투자 고민에 해법을 준 책

2011년, 증권사에 취업하면서 주식투자를 시작했습니다. 당시는 가치투자의 전성기였기에 다행히 큰 손실 없이 수익을 누적시키며 투자자금을 불려나갈 수 있었습니다.

그러나 공부를 하다 보니, 2008년 글로벌 금융위기 때 어떤 일이 벌어졌는지 알게 되었습니다. 투자를 하면서 단기간에 시장이 10%만 빠져도 심리적으로 엄청난 압박감을 느꼈기에, '금융위기를 직접 경험해도 견뎌낼 수 있을까?'라는 고민을 하게 되었습니다.

금융위기에 대한 대응법에 대해서 다양하게 연구를 하고, 2008년 글로벌 금융위기를 직접 경험한 분들을 만나면 그때의 심리상태나 시장상황에 대해 많이 물어보던 차에, 2012년 출간된 홍춘욱 박사님의 『돈 좀 굴려봅시다』라는 책을 읽게 되었고, 제가 고민하던 부분에 대해 상당한 해법을 찾을 수 있었습니다. 그뿐만 아니라 이 책에는 채찍효과와 같은 우리나라를 중심으로 한 금융시장의 작동원리에 대한 꿀팁도 많이 담겨 있었습니다. 그때까지 여러 투자책을 읽었지만, 미국 등 선진국의 관점이 아닌 한국인의 입장에서 시장을 설명하는 드문 책이었습니다.

당시 그 책을 읽은 후 전체 투자금액의 30%를 달러자산(미국 주식, 미국 국채, 달러)으로 배분하기 시작했으며, 시장이 급변할 때, 그리고 매년 말에 리밸런싱(비율 재조정)을 해오고 있습니다. 이렇게 2015년부터 달러자산 배분을 시작한 후 미국 시장의 성과도 꾸준히 좋았기 때문에, 변동성이 컸던 국내 주식의 수익률을 상당히 보완해주었습니다. 이후 수익을 누적하면서 투자를 이어간 결과, 코로나 시기에 비중을 늘린 국내 주식의 성과도 상당히 높게 나오면서 자신감을 가지고 투자를 지속할 수 있는 기반을 만들 수 있었습니다.

이처럼 한국 주식과 달러자산에 대한 투자를 꾸준히 병행하다 보면 분명한 장점들이 있습니다. 먼저 글로벌 시장에서 채찍의 끝단에 위치한 국내 기업들과 주식시장은 높은 변동성을 가지고 있고, 경기전망이 조금만 둔화되어도 시장 전체가 급락하는 현상이 발생합니다. 그런 시기에는 보통 달러/원 환율이 상승하기 때문에, 리밸런싱을 통해서 저가에 국내 주식 같은 위험자산을 매수할 수 있게 도와줍니다.

두 번째로는 위기 시 국내 주식 같은 다른 자산들의 가격이 하락하더라도, 달러자산 자체가 환율이 상승하며 포트폴리오의 변동성을 낮춰주는 효과를 가져옵니다. 사람들마다 위험감수 성향이 다르지만, 낮은 변동성은 투자에서 심리적 안정을 통해 충동적인 행동을 막아주는 데 큰 도움을 줍니다.

주의할 점이라면, 국내 주식과 달러자산 간의 상관관계가 매일 일정하게 유지되는 것은 아니라는 점입니다. 특히, 최근 글로벌 경제가 미국 중심으로 돌아가면서 환율도 상승하고 미국 주식시장도 상승하는 구간이 존재했는데, 이런 추세가 영원히 지속될 것이라고 기대하기는 어렵다고 생각합니다. 다양한 자산을 살펴보다 보면 쏠림 현상이 발생할 때도 있는데, 욕심이 생기는 구간에도 리밸런싱을 통해 급격히 상승한 자산을 팔고, 다른 자산들을 매수하는 원칙을 지키는 게 자산 배분의 핵심이 아닐까 싶습니다.

여담으로, 달러자산 배분을 시작한 시점이 마침 결혼을 한 때이기도 했습니다. 증권사에 재직 중이라 국내 주식은 모두 개인 명의의 회사 계좌로만 거래해야 하고 매매한도 등이 설정되어 있기 때문에, 관련 제한이 없는 달러자산 투자는 아내가 모아온 자금을 중심으로 투자를 시작했습니다. 결과적으로 달러자산 배분 금액 중 미국 주식에 투자한 금액이 모두 안정적으로 수익을 냈습니다. 아내는 결혼 전에는 주로 예금과 적금 위주로만 재테크를 해왔고 주식투자에 대해 인식이 그리 좋지 않았는데, 덕분에 이제는 제 투자의 든든한 후원자가 되었습니다.

저의 투자 고민을 해결해준 『돈 좀 굴려봅시다』 출간 10년 후 나온 이 책 『돈의 흐름에 올라타라』는 증권사, 국민연금, 은행 등을 거치면서 쌓은 돈공부 30년 차 저자의 그동안의 다양한 경험과 노하우가 녹아 있습니다. 투자 초보자에겐 한국 경제의 특성을 이해하고 어떻게 투자를 시작해야 할지 혜안을 주며, 기존 투자자들은 투자에 '영감'을 줄 만한 좋은 아이디어를 많이 얻을 수 있을 것 같습니다. 저 또한 그러했듯이 말입니다.

뱅커두부(김범준, 네이버 블로거)

PROLOG

투자의 왕도를 찾아서

2021년 발간된『돈의 역사는 되풀이된다』가 분에 넘치는 사랑을 받았습니다만, 이 책을 읽은 독자들의 갈증을 한번에 풀어주지는 못했던 것 같습니다. 제 이메일과 유튜브 채널에 매일처럼 "달러 자산에 투자하라는 메시지는 잘 알겠는데, 어떻게 시작해야 할지 모르겠다", 혹은 "한국 주식은 투자하기 너무 힘드니 미국 주식에 올-인 하는 게 어떠냐?"는 질문이 쏟아졌으니 말입니다.

오늘 여러분이 보고 있는『돈의 흐름에 올라타라』는 이 질문에 답하기 위해 만들어졌습니다.

한국 주식에 투자해서 성공하기 위한 방법을 몇 가지 단계를 통해 살펴보는 한편, 이 과정에서 발생하는 다양한 질문들에 답하면서 진행되기에, "어떻게 투자를 시작해야 할지 모르겠다"는 분들에게 부분적인 답을 드릴 수 있을 것 같습니다. 특히 [Stage3]에는 투자성향에 맞춘 다양한 자산배분 전략까지 소개하고 있으니 잘 활용하셨으면 좋겠습니다.

물론 이 책에서 다뤄진 내용은 허공에서 갑자기 뚝 하고 떨어진 것은 아닙니다. 2012년 발간된 『돈 좀 굴려봅시다』에서 이야기했던 '탑-다운 투자전략'을 좀더 쉽게, 또 단계별로 정리한 것입니다. 이 책에서 지속적으로 거론되는 탑-다운 투자전략이란, 경제에 대한 분석을 기초로 주식이나 채권 등 투자자산을 선택하는 것에서 시작해, 중점적인 비중을 두어야 할 산업이나 투자 스타일을 선택하는 방식의 투자기법을 말합니다.

『돈 좀 굴려봅시다』에서는 '탑-다운 투자'에 대한 이야기를 인구구조 분석에서 시작했는데, 이번 책은 그렇게 거창한 분석보다는 한국 투자자들이 실전에서 부딪히는 문제를 해결해가는 과정 형식으로 썼습니다. 특히 "인구가 감소하는 나라의 주식시장은 저조한 성과를 기록할 것"이라고 주장했던 부분은 이번에 아예 통째로 삭제했습니다. 왜냐하면 책 발간 이후 지난 10년 동안의 경험이 정반대였기 때문입니다. 2006년 이후 베이비붐 세대의 은퇴가 가속화되고 있는 미국의 주식시장은 지난 10년 동안 역사적인 강세 행진을 펼쳤고, 반대로 생산가능인구의 증가가 이어지던 중국 주식시장은 '잃어버린 14년'째에 접어드는 중입니다.

왜 이런 일이 벌어졌을까요?

여러 이유가 있겠지만, 인구변화 외에 '달러가치의 변화' 같은 다른 거시경제 변수의 영향력이 점점 더 커졌기 때문으로 보입니다. 다음의 그림에 잘 나타난 것처럼, 미국의 달러가치가 상승할 때에는 신흥국(EM, Emerging Market)의 주식시장이 아주 부진한 성과를 기록하는 것을 볼 수 있습니다. 반대로 달러가치가 하락할 때에는 신흥국의 주식시장이 돋보이는 성과를 기록하곤 합니다. 물론 인구변화가 아무 영향을 미치지 않는다는 이야기가 아니라, '인구변화'라는 초장기 요인을 가지고 당장의 시장을 전망하려던 것이 문제라 하겠습니다.

미국 달러가치와 신흥국/선진국 증시의 관계

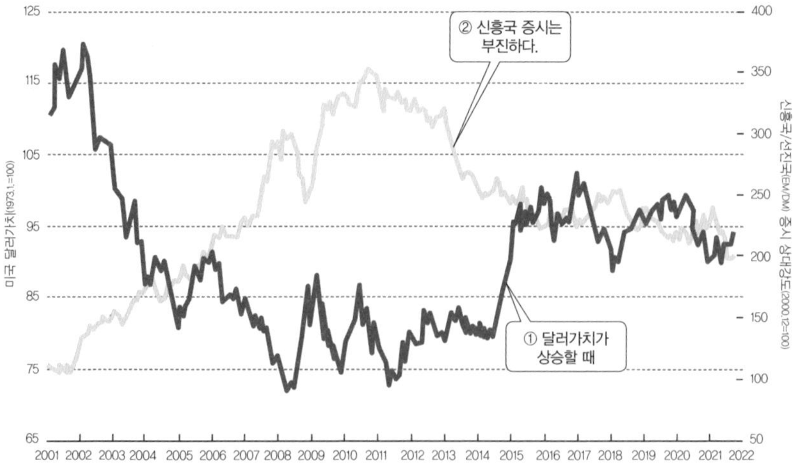

자료: 블룸버그, 리치고 인베스트먼트 작성

이상의 경험처럼, 경제분석가로 활동을 하면서 수많은 실수를 저질렀습니다. 그러나 이제는 실수를 변명할 시간에 더 나은 전망, 그리고 근거 있는 분석을 제시하는 게 경제분석가의 임무라는 생각을 하게 됩니다.

물론 이런 생각을 어느 날 갑자기 하게 된 것은 아닙니다. 증권사부터 연기금, 은행을 거치며 다양한 경험을 쌓은 것, 그리고 『신호와 소음』을 비롯한 여러 인생책을 읽은 것이 저를 조금씩 바꾸어 놓았습니다. 특히 아래 문구가 저의 태도를 바꿔 놓는 '계기'를 제공했습니다.

> 버클리대학 테틀록 교수는 여러 다른 영역의 전문가 의견을 수집하기 시작했다. 걸프전쟁, 일본의 부동산 거품, 퀘벡이 캐나다에서 분리될 가능성 등 1980년대와 1990년대의 거의 모든 중요 사건을 대상으로 전문가들의 의견을 모았다.
>
> 소련의 붕괴를 예측하지 못한 것은 예외적인 사건인가? 아니면 '전문가'라는 사람들이 밥값을 못하는가? 15년도 넘게 걸린 테틀록의 연구 결과는 사회과학계를 엿 먹이는 것이었다. 그가 살펴본 전문가들은 직업이 뭐든 간에, 경험을 얼마나 오래 쌓았던 간에, 전공 분야가 뭐든 간에 하나같이 동전을 던져 판단을 내릴 때보다 낫지 않았다.[1]

---

1 네이트 실버(2014), 『신호와 소음』, 이경식 옮김, 더퀘스트, 88~89쪽.

테틀록 교수는 이런 식으로 '거창한 생각'을 이야기하기 좋아하는 반면 별 근거를 제시하지 못하는 대다수의 전문가를 고슴도치로 분류했습니다. 반면 고슴도치와 달리, 예측력이 상대적으로 뛰어난 소수의 사람들을 '여우'로 분류했는데, 이들은 매우 실용주의적이어서 가능한 많은 정보를 수집하는 한편 가능성이나 확률이라는 말을 즐겨 사용하는 특성이 있다고 합니다.[2]

물론 이 책 한 권을 읽고 하루아침에 고슴도치에서 여우로 변신했다는 이야기는 아닙니다. 책 발간 이후 10년 동안 공부하고, 또 『돈의 역사는 되풀이된다』와 『순환장세의 주도주를 잡아라』 등 다양한 책을 쓰고 번역하며 조금씩 자세가 바뀌는 중이라고 말씀드릴 수 있겠습니다.

따라서 이 책 『돈의 흐름에 올라타라』에서는 강한 주장을 펼치기보다, 경제에 대한 이해를 돕기 위해 여러 구체적 사례를 제시하고, 또 단정적인 말을 사용하지 않기 위해 노력했습니다. 그리고 마지막으로 덧붙일 것은 이 책의 유효기간에 대한 것입니다. 2021년 말 기준으로 얻은 정보를 활용해 쓴 책이니, 당연히 시대의 한계를 지닐 수밖에 없다는 말씀을 드리고 싶습니다. 작가라면 누구나 영원불멸 하는 고

2 필립 E. 테틀록, 댄 가드너(2017), 『슈퍼예측』, 이경남 옮김, 알키, 112~115쪽.

전을 남기고 싶은 희망을 품고 책을 씁니다만, 그 희망이 빗나갈 수 있음을 겸허히 인정한다는 이야기입니다. 부디 5년 혹은 10년 만이라도 이 책의 내용이 독자들의 공부와 자산설계에 도움이 되었으면 하는 바람입니다. 이제 본격적으로 시작해보겠습니다.

2022년 1월 홍춘욱

차례

11장 자산배분의 기초를 살펴보자!

12장 본격적인 자산배분의 세계로!

13장 해외 ETF를 활용한 자산배분은 어떻게?

Appendix 투자할 때 알아두면 좋은 경제 이야기

1장

투자 시작 전에 알아두면 좋은 한국 증시의 현실

한국 주식에 투자해
안정적 성과를 기대한다고?

1993년 말 한국금융연구원에서 직장생활을 시작한 이후, 주식이나 환율, 그리고 금리와 같은 핵심적인 경제지표를 전망하고 분석하면서 "한국 경제는 한시도 맘 편한 적이 없다"는 것을 느끼곤 했습니다. 2020년 3월의 주가 폭락 사태 이후 주식시장이 상승 추세를 밟아갈 때에만 해도 '대세 상승', 다시 말해 장기간에 걸친 꾸준한 주가 상승에 대한 꿈을 꾸기도 했습니다만, 이제 그런 미련을 버린 이들이 늘어난 것 같습니다.

혹시 이번만 예외적인 현상일까요?

안타깝게도 그렇지 않습니다. 다음의 그림은 1981년부터 2020년까지 40년 동안 한국 종합주가지수(이하 KOSPI)의 연 수익률 분포를 보여줍니다. 연평균 데이터의 전년 대비 증가율인데, 한 해 동안의 평균 주가가 그 직전 해의 평균 주가보다 얼마나 높고 낮은지 측정한 것이

한국 코스피지수의 연 수익률 분포 기준: 1981~2020년, 원화

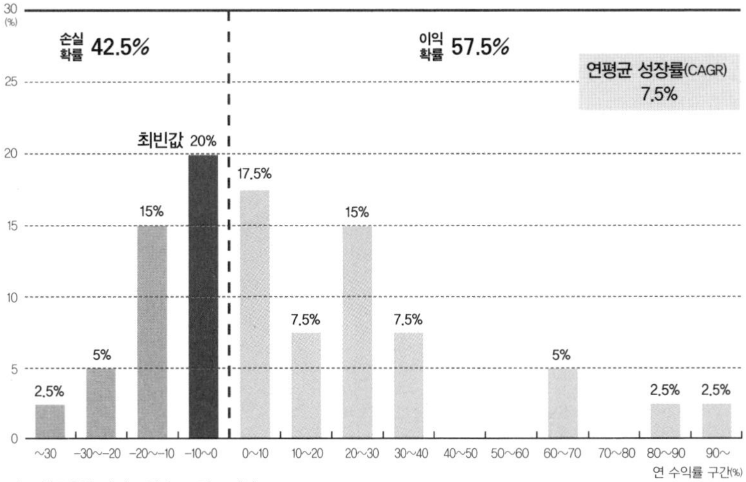

자료: 한국은행, 리치고 인베스트먼트 작성

죠. 그런데 안타깝게도 가장 자주 출현하는 수익률은 마이너스 10%에서 제로 수익률(위 그림의 -10~0% 구간)입니다. 5년에 한 번꼴로 출현합니다. 특히 주식에 투자해서 손실을 볼 가능성은 무려 42.5%에 달합니다. 이런 것을 보면, 한국 주식시장의 수익률 분포는 정규분포(Normal Distribution)와 상당한 거리가 있음을 알 수 있습니다.

정규분포의 가장 중요한 특징은 중간값(Median)과 최빈값(Mode), 그리고 평균값이 일치하는 것입니다. 즉, 정규분포에서는 지난 40년 동안의 수익률을 줄 세우면, 20번째로 높은 수익률이 평균과 일치해야 하고, 이것이 또 가장 자주 출현하는 값이어야 합니다. 그런데 한국 주식시장은 이런 특성을 단 하나도 만족시키지 않으니 정규분포라고 할 수 없습니다. 그런데 정규분포가 아니면 미래의 수익률을 예측하기

가 쉽지 않습니다. 제가 증권사 리서치 업무를 담당할 때, 그렇게 빈번하게 전망이 빗나간 이유가 이런 데 있습니다.

이 부분에서 "저렇게 자주 손실이 발생하는데, 어떻게 코스피지수가 3천 포인트를 돌파했나?"라는 질문이 나올 수 있습니다. 그 답은 10년에 한 번 발생하는 급등 장세 때문입니다.

앞의 그림에서 오른쪽에 위치한 4번의 고수익 국면에 주가의 절대 수준이 크게 올라갔고, 이때를 놓친 투자자들은 주식투자에서 재미를 보기 어려웠던 셈입니다. 참고로 연평균 주가 기준으로 가장 높은 성과가 발생했던 해는 외환위기 직후인 1999년으로, 주식시장이 한해 동안 98.7% 상승한 바 있습니다.

세계의 다른 주식시장도 이런 모습을 보일까요?

미국 S&P500 지수의 연 수익률 분포

기준: 1981~2020년, 달러

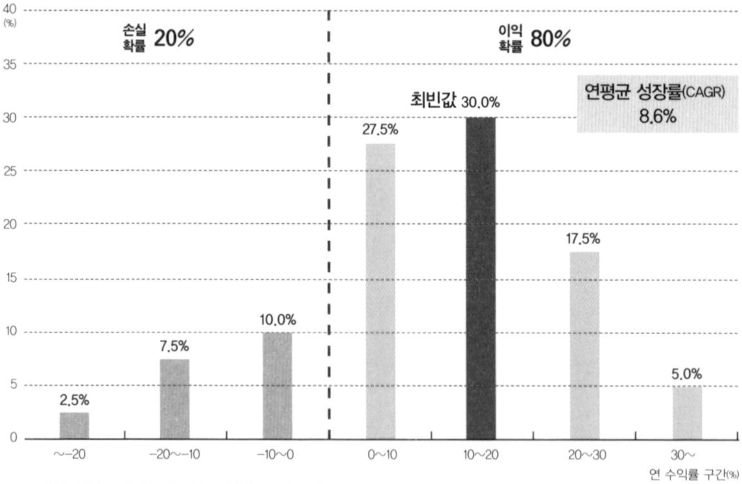

자료: 세인트루이스 연방은행, 리치고 인베스트먼트 작성

한국/미국 증시 비교(1981~2020년)

한국 증시	미국 증시
연 평균 수익률: 7.5%	연 평균 수익률: 8.6%
이익 확률: 57.5%	이익 확률: 80%
손실 확률: 42.5%	손실 확률: 20%

적어도 선진국의 주식시장은 그렇지 않습니다. 미국 주식시장의 대표 지수 중 하나인 S&P500(Standard & Poor's 500) 지수의 1981년부터 2020년까지 40년 동안의 연 수익률 분포를 보면, 플러스 10%의 수익률을 중심으로 좌우 대칭적 모습을 보이는 것을 알 수 있습니다. S&P500 지수를 추종하는 상장지수펀드(ETF)에 투자했을 때, 플러스(+) 성과를 기록할 확률은 무려 80%에 이르는 반면, 마이너스 20% 이상의 큰 손실을 입을 가능성은 40년에 단 한 번(2008년 글로벌 금융위기)뿐이었습니다.

한국 주식시장은 변동성이 왜 이렇게 클까?

앞에서 살펴보았듯, 미국과 한국 증시의 지난 40년간의 연 수익률 분포를 보면, 미국 증시는 플러스 수익률을 올릴 확률이 80%에 달하는 반면(S&P500 지수 기준), 한국의 코스피시장은 연 수익률이 -10~0%가 가장 빈번하게 출현했으며(5년에 한 번꼴) 손실을 볼 확률이 무려 42.5%에 달했습니다. 이 부분에서 "미국과 달리 한국 증시가 이토록 불안정한 이유가 어디에 있느냐?"는 질문을 던지는 독자들이 있을 것 같습니다.

가장 직접적인 원인은 수출 중심의 산업구조 때문으로 보입니다. 다음의 그림은 한국의 수출액과 코스피200 기업의 영업이익의 관계를 보여주는데, 둘 사이에 매우 강력한 상관관계가 있다는 것을 알 수 있습니다. 수출이 잘되면 기업의 영업이익이 늘어나고, 반대로 수출이 부진하면 기업의 영업이익의 증가세도 꺾입니다.

한국의 수출액과 코스피200 기업의 영업이익의 관계

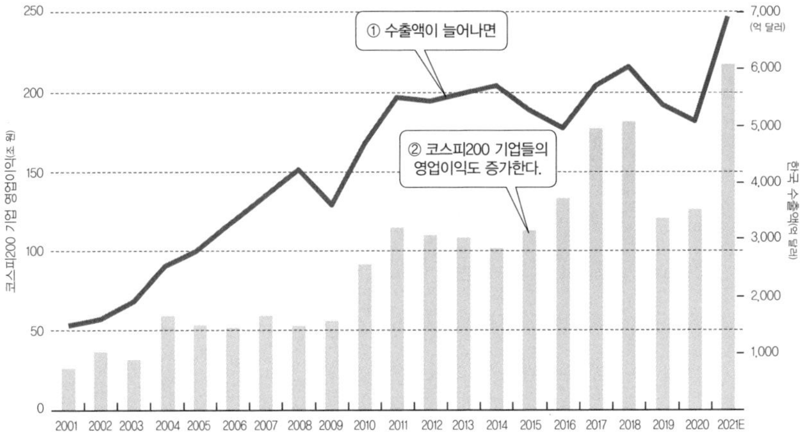

자료: 한국은행, 에프앤가이드, 리치고 인베스트먼트 작성

그렇다면 한국의 수출은 왜 이렇게 위아래로 춤을 출까요?

일단 가장 먼저 떠오르는 요인은 '경쟁력 상실' 때문이지만, 수출이 장기간에 걸쳐 꾸준히 늘어난 것은 물론, 세계 수출시장에서 한국의 점유율이 꾸준히 상승했음을 감안할 때, 이 가능성은 낮습니다. 특히 세계적인 통신사 블룸버그가 매년 선정하는 세계 혁신국가 순위에서 한국이 장기간 1위 자리를 지키고 있다는 점을 감안하면, 한국 기업들의 경쟁력이 10년에 한 번, 혹은 5년마다 한 번씩 무너져 수출이 감소했다고 보기는 어렵습니다.[3]

결국 한국의 수출이 매년 크게 늘었다 줄었다 하는 이유는 경쟁력의 변화보다는 해외의 수요 변동에서 찾을 수 있습니다. 수출기업들

---

3 Bloomberg(2021.2.3), "South Korea Leads World in Innovation as U.S. Exits Top Ten".

은 언제 고객의 주문이 쏟아질지 모르기에 설비를 갖추고 재고를 확보하지만, 2008년 말의 글로벌 금융위기 혹은 2020년 코로나 팬데믹 같은 불황이 닥치는 순간, 기업 실적이 급격히 악화되곤 합니다. 왜냐하면 설비투자 및 대규모 고용에 따른 고정비용은 지속적으로 발생하는 반면, 수출 주문 감소로 매출은 줄어들 것이기 때문입니다.

물론 불황에도 수요가 늘어나는 산업이 없는 것은 아닙니다. 하지만 한국의 주력 수출산업인 반도체와 자동차, 조선 등은 모두 경기 변화에 따라 수요가 급변하는 이른바 '경기 민감재'로서의 특성을 가지고 있다는 점을 기억해야 합니다. 앞으로 바이오와 로봇, 그리고 화장품 등 상대적으로 경기를 덜 타는 제품이 한국 증시의 주력 품목으로 부각되기를 바라지만, 이와 같은 희망이 실현되는 데에는 상당한 시간이 걸릴 것 같습니다.

한국 기업들은 왜 그렇게 배당에 인색할까?

기업의 실적 변동성이 크고, 불황에 파산 위험이 큰 상황에서 경영자들은 어떤 행동을 할까요?

이 질문을 던지면 한국 증시의 고질적 문제, 즉 낮은 배당수익률 문제를 이해할 수 있습니다. 2000년 이후 한국 상장기업의 배당수익률 흐름을 살펴보면, 1%를 중심으로 오르내리는 것을 볼 수 있습니다.

유일한 예외는 2008년(2%)인데, 배당수익률(=주당배당금/주가×100)의 분모(=주가)가 크게 떨어진 탓으로 보입니다. 왜냐하면 2008년의 배당금 지급액이 이전에 비해 크게 늘어난 징후를 발견할 수 없기 때문입니다. 2007년 배당금 지급액이 13조원이었는데, 2008년 15조원으로 소폭 늘어났다가 2009년에는 10조원으로 다시 줄어들었습니다.

물론 이런 일이 2000년대에 시작된 것은 아닙니다. 1996년 기사를 보면, 한국의 배당수익률은 세계의 주요 주식시장 36군데 중에서

33위에 그쳤다는 내용이 있습니다.[4]

한국 기업들이 꾸준히 쥐꼬리 배당을 지급하는 이유는 두 가지 요인이 큰 역할을 했습니다.

첫 번째 요인은 한국 대기업 집단의 총수 지분율이 단 3.5%에 불과한 데에서 기인합니다.[5] 예를 들어 회사가 돈을 잘 벌어서 배당을 100억원을 지급했다고 해도, 총수 일가에 떨어지는 배당금은 3.5억원에 불과하며, 금융소득종합과세를 감안하면 실제 수령액은 이의 절반 수준으로 떨어집니다. 따라서 한국 기업들은 100억원을 벌면 평균적으로 15억원 남짓만 배당을 할 뿐이며, 이것도 삼성전자를 비롯한 일부 글로벌 기업들 덕분에 높아진 것입니다.

지배구조뿐만 아니라, 한국 기업의 이익 변동성이 대단히 크다는 점도 배당을 줄이는 요인으로 작용합니다. 수출에 따라 이익이 들쑥날쑥 움직이니 기업들 입장에서는 "잘나갈 때일수록 조심하는" 자세가 필요하기 때문입니다. 즉, 수출이 잘된다고 방심(!)해 배당을 지급하기보다는, 이 돈을 잘 비축하고 또 적절하게 투자해서 경쟁력을 개선시키는 게 필요하다는 생각을 가질 수 있습니다. 이 과정에서 배당금 지급은 배부른 투정처럼 치부될 수 있습니다.

---

4 한국경제신문(백광엽, 1996.11.15), "한국 배당수익률 1.2%로 세계 33위…증권거래소 조사".

5 연합인포맥스(장순환, 2021.9.1), "재벌 총수일가 3.5% 지분으로 그룹 지배…'이재용 상속으로 지배구조 공고'".

한국 증시의 낮은 배당수익률은 어떤 영향을 미치나?

앞에서 설명한 요인을 감안할 때, 한국 상장기업들의 태도는 일부 우량기업들을 제외하고는 달라질 것 같지 않습니다. 그리고 이는 한국의 금융시장에 연쇄적인 악영향을 미칩니다.

가장 큰 문제는 투자자들 입장에서 기업의 이익이 늘어나는 것이 '나와 무슨 상관인가?'라고 생각하기 쉬운 데 있습니다. 빠르게 성장하고 시장점유율을 높여가는 기업의 주가가 상승하는 이유는 결국 '기업의 성장이 주가의 상승으로 연결'될 것이라는 믿음 때문입니다.

그런데 기업의 이익이 늘어나더라도 배당에 인색하고 자사주 매입을 게을리한다면? 더 나아가 기껏 매입한 자사주도 소각하지 않고 경영권 방어용 등으로만 사용한다면?[6] 아마도 기업의 내재가치, 즉 미

6 시장과정부연구센터(2019.8), "한국 기업의 자사주 취득 및 보유에 관한 연구".

래에 벌어들일 현금흐름의 현재가치의 합계에 대한 관심은 매우 낮은 수준으로 떨어질 것입니다.

한국 주식시장의 투자자들이 주식을 장기보유 하기보다는 단타 매매에 치중하고, 더 나아가 다양한 투자 테마와 세력의 움직임에 관심을 가지는 이들이 많은 이유가 이런 데 있다고 볼 수 있습니다.

그뿐만 아니라 낮은 배당수익률은 주식시장의 버팀목을 제거하는 역할을 합니다. 예를 들어 A기업의 주가가 1만원이고 주당 200원의 배당금을 지급한다고 가정해보죠. 이 경우 배당수익률은 2%(=200원/10,000원×100)입니다.

그런데 A기업이 2008년 글로벌 금융위기 혹은 2020년 코로나 팬데믹 같은 불황에서도 주당 200원의 배당금을 꾸준히 지급했다면, 예상하지 못한 주가 폭락은 A기업 주식의 매수 기회가 될 수 있을 것입니다. 왜냐하면 A기업의 주가가 1만원에서 5천원으로 떨어질 때, 배당수익률은 무려 4%에 이를 것이기 때문입니다. 이 정도 배당수익률이면 웬만한 회사채 금리보다 높은 수준이며, 만일 여기서 주가가 더 빠지면 배당투자의 매력은 더욱 높아질 것입니다.

A기업의 배당수익률 변화

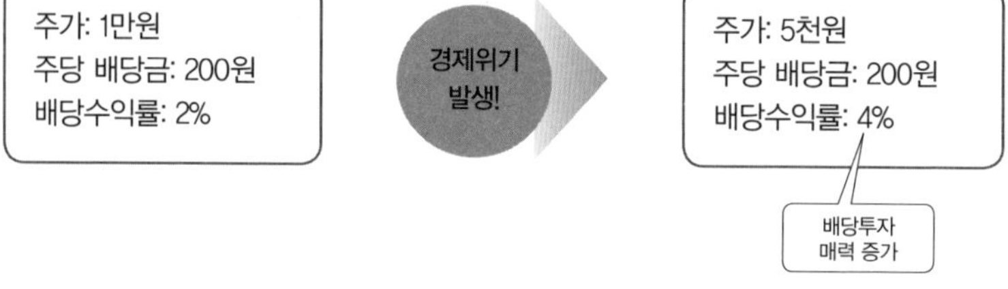

수년 전 모 기관에 근무하던 당시 '리스크 관리위원회'에 불려간 적이 있습니다. 투자의 의사결정을 담당하는 최고책임자가 다음과 같이 질문했습니다.

"이 주식을 왜 샀어요? 주가가 계속 빠지는데 말입니다."

이에 대해 다음과 같이 답했습니다.

"이 회사는 안정적인 배당을 지급하는 기업이기에, 주가가 빠질수록 배당수익률이 높아집니다. 장기투자 기관으로서 배당을 꾸준히 지급하는 우량기업의 주가가 폭락할 때 매수하는 게 맞다고 봅니다."

이 말을 들은 상사는 이 안건을 더 거론하지 않았고, 시간이 흐른 후 이 기업의 주식은 큰 폭으로 상승해서 국내 주식 파트의 성과 개선에 기여했던 기억이 납니다. 심지어 국내 주식 운용역들끼리 "리스크 관리위원회에 올라간 주식은 반드시 추가매수를 해야 한다"는 이야기를 할 정도였으니까 말입니다.

그런데 이 기업이 배당을 전혀 지급하지 않거나, 혹은 배당을 자주 중단한 기업이었다면 어떤 일이 벌어졌을까요? 아마 운용역들이 투자 실패에 대한 책임을 지고, 손절매(Loss-cut), 즉 주가의 비정상적인 급락에 매도로 대응했을지도 모릅니다.

이것이 바로 배당의 힘입니다. 특히 연기금 같은 장기투자 기관들은 배당소득세 등을 내지 않기 때문에, 배당을 지급하는 기업에 장기투자를 하고 배당금을 재투자함으로써 복리 성과를 누리려는 동기를 가지게 됩니다.

기업 입장에서도 연기금이 투자하면 좋은 점이 많습니다. 무엇보다 자신들이 경영만 똑바로 한다면 자사주 매입을 해서 백기사(White Night, 기업 인수합병 등에서 현재 경영자의 편을 들어주는 제3세력)에게 주식을 넘기는 등의 번거로운 일을 할 이유가 없습니다. 더 나아가 연기금의 지분율이 높으면 기업의 평판도 올라가고 뛰어난 인재를 뽑기도 쉬워집니다. 물론 앞에서 지적한 것처럼, 불황이 오더라도 주가가 폭락할 위험이 낮아서 안정적인 주가 관리도 가능해집니다.

반대로 배당을 지급하지 않거나, 혹은 불황이 오면 배당금을 신속하게 삭감하는 기업은 '저가매수'의 지지대를 스스로 걷어차는 셈이 됩니다.

2008년 글로벌 금융위기나 2020년 코로나 팬데믹 당시, 한국 증시가 외국인이 주식을 매도하자마자 순식간에 붕괴되었던 것은 결국 '낮은 배당'에도 원인을 찾을 수 있는 셈입니다. 따라서 한국 주식시장의 배당수익률이 올라오지 않는 한, 장기투자 기반 및 안정적인 주식시장의 흐름을 기대하기는 어렵다고 봅니다.

어떤
투자대안이 있을까?

이상과 같은 한국 증시의 투자환경을 감안할 때, 저는 두 가지 종류의 투자 스타일 중 하나를 선택하는 것이 바람직하다고 봅니다.

첫 번째 선택지는 이른바 바텀-업(Bottom-up) 투자로, 기업에 대한 분석을 토대로 주가가 저평가되었을 때 주식을 매입하는 전략입니다. 물론 '기업의 내재가치와 주가 사이에 괴리가 크게 벌어지는' 한국 증시의 환경을 감안해야겠죠.

즉, 바텀-업 투자를 할 때에는 배당금 지급 및 자사주 매입 등 이른바 '주주에 대한 보상'이 꾸준히 이뤄지는 기업을 최우선의 투자대상으로 고려해야 할 것입니다.

바텀-업 전략을 꾸준히 밀고 나갈 수만 있다면, 기대할 수 있는 투자성과는 굉장할 것입니다. 그러나 바텀-업 전략에는 한 가지 문제가 있습니다. 그것은 '심리적 갈등'에 지속적으로 노출된다는 점입니다.

왜냐하면 개별 기업의 가치를 분석하기 위해 꾸준히 공부해야 할 뿐만 아니라, 매력적인 기업을 골랐다고 하더라도 성과를 내는 데 생각보다 오랜 기간이 걸릴 수 있기 때문입니다.

주식투자로 큰 부를 이룬 워런 버핏은 다음과 같이 투자할 종목을 고르는 팁을 줍니다.[7]

> 내가 찾는 기업은 ① 우리가 그 사업을 이해하고, ② 장기 경제성이 좋으며, ③ 경영진이 유능하고 믿을 수 있고, ④ 인수가격이 합리적인 기업입니다. 우리는 기업을 통째로 인수하고자 하며, 경영진이 우리 동업자가 될 때는 지분의 80% 이상을 인수하려고 합니다. 그러나 위대한 기업의 경영권을 인수할 수 없을 때는 주식시장에서 위대한 기업의 지분을 소량 사들이는 것으로도 만족합니다. 모조 다이아몬드를 통째로 소유하는 것보다는 최상급 다이아몬드의 일부를 소유하는 편이 낫기 때문입니다.
>
> **진정으로 위대한 기업이 되려면 탁월한 수익률을 지켜주는 항구적 '해자(垓子)'를 보유해야 합니다.** 어떤 기업이 높은 수익을 내면 자본주의 역학에 따라 경쟁자들이 그 성(城)을 끊임없이 공격하기 때문입니다. 따라서 탁월한 실적을 유지하려면 낮은 생산원가나 강력한 세계적 브랜드를 가진 기업처럼 가공할 만한 진입장벽을 보유해야만 합니다. 기업의 역사를 돌아보면, 견고해 보이던 해자가 순식간에 사라져버린 '로마 폭죽' 같은 기업들이 넘쳐납니다.
>
> 따라서 계속해서 빠르게 변화하는 산업에 속한 기업들은 '항구적' 해자 기준에 따라 우리 관심 대상에서 탈락합니다. 자본주의의 '창조적

---

7 리처드 코너스, 워런 버핏(2017), 『워런 버핏 바이블』, 이건 옮김, 에프엔미디어, 45쪽.

파괴'가 사회에는 매우 이롭지만, 투자에 대해서는 불확실성을 높이기 때문입니다. 해자를 계속 다시 만들어야 한다면 해자가 없는 것과 마찬가지입니다.

이상과 같은 기준을 가지고 주식에 투자하는 일이 쉽지는 않을 것 같습니다. 특히 장기적으로 큰 성과를 올리고 있음에도 주가가 합리적인 수준에 머무른다는 것은 시장의 주도적인 흐름에서 소외되었거나, 혹은 대주주 위험을 가지고 있을지도 모릅니다. 내재가치가 뛰어난데도 불구하고 시장에서 소외된 주식에 투자하기 위해서는 '대중과 떨어져 소수의 편에 서는' 용기가 필요하다고 볼 수 있습니다.

그래서 바텀-업 투자는 '다이어트'와 닮았다고 생각합니다. 다이어트는 우리에게 멋진 몸매와 건강한 노후를 약속하지만, 당장의 고통과 인내를 수반하기 때문입니다. 회식에서 모두 맛나게 탕수육과 볶음밥을 먹고 있는데, 혼자만 풀을 먹고 있으면 주변에서 수군댈지도 모릅니다.

남들이 싫어하거나 기피하는 주식, 그리고 대중의 관심에서 멀어진 주식을 매수해 제값을 받을 때까지 보유하는 바텀-업 투자자들도 회식 자리의 다이어터 신세랑 비슷한 것 같습니다.

대중의 관심으로부터 멀어진 주식을 저가매수를 해야 하는 부담에 못지않게, 바텀-업 투자의 난이도를 높이는 것은 바로 한국의 경제가 수출 중심의 경제라는 것입니다.

애널리스트의 이익 전망에 따르면, 한국을 대표하는 대기업(=코스피200 지수 구성 기업)의 2021년 영업이익은 200조원을 돌파할 것으로 예상되는데, 이 가운데 70%를 수출기업들이 차지합니다. 그리고 수출기업들의 미래이익을 예상하는 것은 매우 어렵습니다. 해외시장에서 어떤 일이 벌어지는지 신속하게 파악하기도 힘들고, 더 나아가 한국 수출기업들은 해외 바이어로부터 주문이 안정적으로 오는 경우가 드뭅니다.

결국 내수기업이 바텀-업 투자자들의 대안이 될 수 있을 텐데, 내수기업 중에서도 은행이나 보험사, 증권사 같은 금융기업들의 이익은 수출과 밀접한 연관을 맺고 있습니다. 왜냐하면 수출이 잘되면 주가가 오르며 증권사의 이익이 커질 가능성이 높은데다, 한국은행은 수출이 잘될 때마다 정책금리(기준금리)를 인상하는 경향이 있기 때문입니다. 실제로 2021년 8월 단행된 한국은행의 정책금리 인상도 수출이 안정적인 궤도에 올라선 것을 확인하고 이뤄진 경향을 부인하기 어렵습니다.

사정이 이렇다 보니, 한국에서 바텀-업 투자는 주로 비금융 내수기업에 집중될 가능성이 높습니다.

10여 년 전 모 가치투자 모임에 정기적으로 참여해 토론할 때, 가장 빈번하게 토론 대상으로 올랐던 기업들이 시멘트·가구·인테리어·유틸리티·필수소비재 분야에 속했던 것이 기억에 남습니다. 물론 이 산업들도 투자의 매력이 넘쳐흐르기는 합니다. 다만 어떤 특정 산업에 치우친 투자 포트폴리오는 경기의 뜻하지 않은 변화 등에 따라 큰 손실을 입을 수 있다는 점에서 경계할 필요가 있습니다.

바텀-업 투자의 마지막 난점은 이미 '고수'들이 우량기업들을 선점하고 있다는 점입니다.

제가 아는 재야의 투자자는 매 분기마다 상장기업들의 실적을 시각화해서 업데이트를 합니다. 어떤 기업의 실적이 좋아졌고, 이 실적 개선이 상품의 질적 변화나 판로의 개척 때문인지 아닌지를 끊임없이 검토하고 점검합니다. 이 과정을 통해 자신이 투자한 주식의 비중을 높이거나 줄이는 등의 의사결정을 내리죠.

주식시장에는 이 정도의 열정과 정성을 가진 투자자들이 즐비합니다. 그런데 지금 개별 기업의 사업보고서를 읽기 시작해서 이들을 넘어설 수 있을까요?

그래서 주식시장을 "체급 제한이 없는 격투기"라고 부르곤 합니다. 오늘 어떤 주식을 매입했을 때, 그 주식을 매도한 이가 워런 버핏이나 조지 소로스일 수도 있다는 것을 항상 명심해야 합니다. 따라서 저는 바텀-업 투자에 대한 미련을 대부분 버리게 되었습니다.

한국 경제에선 탑-다운 투자가 매력적인 투자대안이 아닐까?

앞에서 설명한 바텀-업 투자의 어려움을 덜어주는 대안이 바로 탑-다운(Top-down) 전략입니다. 탑-다운 투자전략이란 경제에 대한 분석을 기초로 주식이나 채권 등 투자자산을 선택하는 것에서 시작해, 중점적인 비중을 두어야 할 산업이나 투자 스타일을 선택하는 방식의 투자기법을 말합니다.

탑-다운 투자전략이 바텀-업 투자의 어려움을 덜어주는 대안이 되는 이유는, 경기가 어떻게 움직이는지 판단해서 경기변동의 수혜를 입을 것으로 기대되는 산업에 투자하며, 시장금리 및 심리의 변화에 맞춰 성장주나 가치주로 옮아가는 전략은 '한국'처럼 '경기가 격렬하게 변동하는' 나라에 잘 어울릴 수 있기 때문입니다.

물론 탑-다운 투자에 대해 기본적인 공부는 필요합니다만, 바텀-업 투자자처럼 복잡한 회계장부에 파묻혀 허덕일 위험이 상대적으로

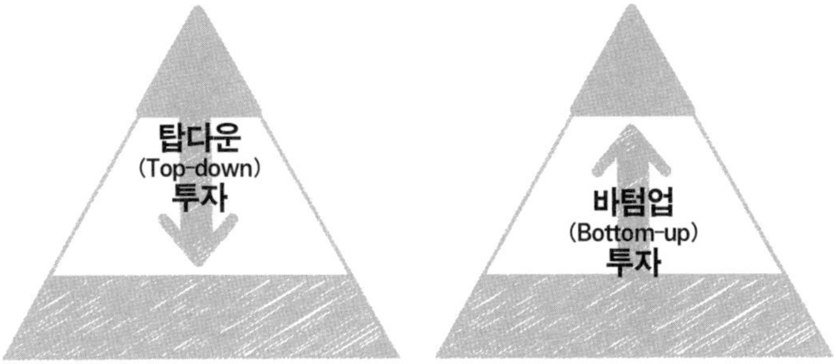

덜합니다. 더 나아가 최근 다양한 종류의 상장지수펀드(ETF)가 출시되며, 미국 국채는 물론 한국의 가치주, 성장주 등에 손쉽게 투자할 길이 열린 것도 탑-다운 투자의 어려움을 덜어주는 요인입니다.

물론 탑-다운 투자가 언제나 성공을 보장하는 것은 아닙니다. 다만 '여우'처럼 다양한 정보를 적절하게 모아 투자하는 이들에게 탑-다운 투자는 꽤 성공 확률이 높은 투자대안이 아닌가 생각됩니다. 이제 본격적으로 탑-다운 투자전략을 설명해보겠습니다.

미국의 소매판매 혹은 '매출 대비 재고비율' 등 핵심적인 경제지표를 활용하는 방법,
그리고 이를 이용해 주식-채권 스위칭(=교체매매) 전략을 실행하는 방법을 설명합니다.
[Stage1]만 열심히 읽어도 책을 본 보람이 있을 것이라고 자신합니다.

STAGE 1

경제지표를 이용한 주식-채권 스위칭 전략

2장

탑-다운 투자 1단계:
환율 흐름부터 점검하자!

달러 스위칭 투자, 어떻게 하나?
—한국 주식/외화예금

탑-다운 투자를 시작할 때 가장 먼저 주목할 지표는 달러에 대한 원화 환율(이하 '달러/원 환율')입니다. 환율이 중요한 이유는 한국 경제의 여건을 여실히 보여주는 '경제의 체온계' 역할을 하기 때문입니다.

예를 들어 달러/원 환율이 1,000원에서 1,300원으로 뛰었다면 이건 뭔가 문제가 생긴 것으로 볼 수 있죠. 달러의 가치가 상승하고 원화의 가치가 떨어진 데에는 이유가 있을 것이기 때문입니다. 2020년 봄처럼 외국인 투자자가 대거 한국 주식이나 채권을 팔아 치우고 떠난 덕분에 환율이 급등했을 수도 있고, 또 한국의 부자들이 한국 경제의 미래를 비관해 달러나 엔화 같은 선진국 자산으로 서둘러 갈아탄 탓일 수도 있기 때문입니다.

반대로 환율이 1,000원에서 900원이 되면, 주식시장 참여자들은 기분이 좋아 날아갈 것 같은 모습을 보일 가능성이 높습니다. 달러가

싸지고 원화 값이 비싸진 것은 결국 '한국 원화 자산의 매력'에 빠진 투자자들이 늘어났다는 뜻일 테니까 말입니다. 물론 환율이 내리면 수출기업의 가격 경쟁력이 걱정됩니다만, 외국인들이 한국 주식이나 채권을 사러 몰려올 정도로 경제 여건이 좋다는 뜻이니 당장 문제가 될 것 같지는 않습니다.

한국의 주식시장과 환율의 관계를 다음의 그림에서 확인할 수 있습니다. 달러/원 환율이 상승할 때에는 종합주가지수(이하 KOSPI)가 하락하는 경향이 관찰되며, 반대로 환율이 떨어지는 경우에는 코스피지수가 상승합니다.

2020년 3월 코로나 팬데믹 속에 주식시장에 패닉이 발생했을 때, 달러/원 환율이 1,300원 가까이 급등하는 것을 볼 수 있죠. 반대로 그해 4월부터 주식시장이 회복될 때, 환율은 다시 1,100원 수준까지 떨

한국의 달러/원 환율과 코스피지수의 관계

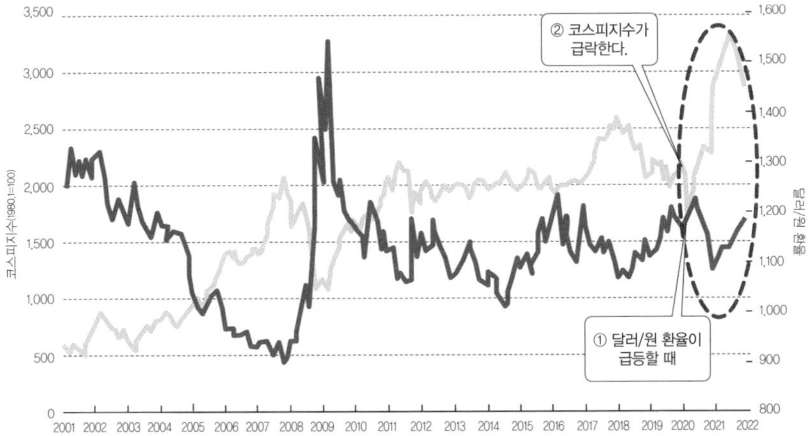

자료: 한국은행, 리치고 인베트스트먼트 작성

어졌습니다. 이 관계를 투자에 활용한 것이 달러 스위칭 전략입니다. 환율이 급등하면 보유 달러를 팔아 폭락한 한국 주식을 매입하고, 반대로 환율이 급락하면 한국 주식을 팔아 달러를 매입하는 것입니다.

그럼, 달러/원 환율이 높아 한국 주식을 매입하기 좋은 타이밍인지, 아니면 환율 수준이 낮아서 이제 달러를 매입할 타이밍인지 어떻게 판단할 수 있을까요?

여러 방법이 있지만, 저는 '전년 동기 대비 증가율' 통계를 좋아합니다. 지금이 2021년 12월이라면, 지난해 12월에 비해 환율이 상승했는지 하락했는지 점검하는 것이죠. 그리고 환율이 지난해에 비해 올랐다면 한국 주식을 매입하고, 반대로 환율이 지난해 같은 기간에 비해 떨어졌다면 달러를 매입하는 것입니다. 물론 한 달 만으로 매매시점을 판단하는 것은 위험하니, 저는 최소 3개월 이상 같은 방향으로 환율의 움직임이 나타났을 때 행동을 취할 것을 권유합니다. 이상의 내용을 감안해, 달러 스위칭 전략을 구상하면 다음과 같습니다.

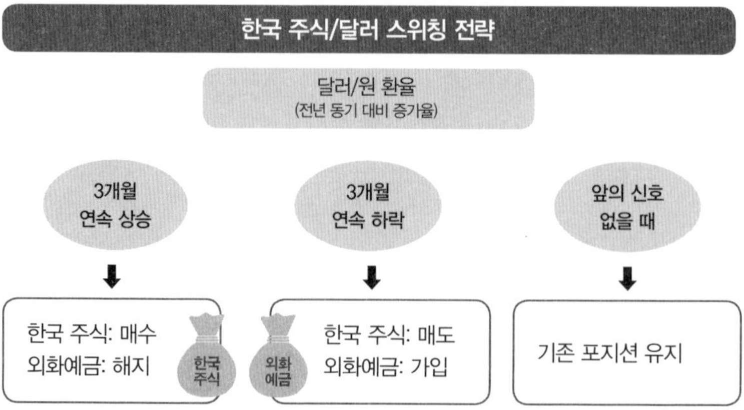

다음의 그림을 보면, 한국 주식에 '올-인' 한 것보다 '한국 주식/달러예금' 스위칭 투자의 성과가 부진한 것을 알 수 있습니다. 2000년 이후 코스피200 TR[8] 상장지수펀드(ETF)를 그냥 보유했다면 348%의 누적수익률을 올리는 반면, 29번이나 매매한 '한국 주식/달러예금' 스위칭 전략의 누적성과는 240%에 불과합니다.

물론 스위칭 전략의 장점도 있습니다. 각 투자전략의 전년 동기 대비 증가율이 얼마나 변동하는지 측정(=수익률 표준편차)하면 '투자의 위험'을 알 수 있습니다. 2000년부터 투자했다고 가정하면, 수익률 표준편차는 스위칭 전략이 월등히 낮아 단 16.0%에 불과하며, 코스피200 TR의 수익률 편차는 21.7%나 됩니다.

환율 변화를 이용한 '한국 주식/달러예금' 스위칭 전략의 성과

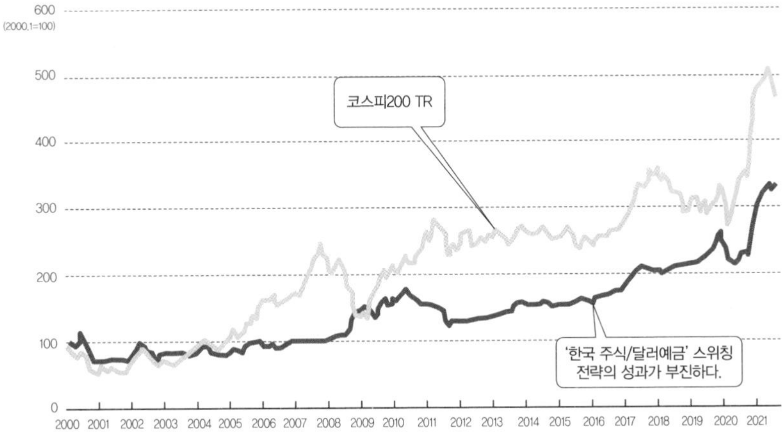

자료: 한국은행, 리치고 인베트스트먼트 작성

---

8 대부분의 상장지수펀드(ETF)는 배당금을 투자자들에게 '분배'해주나, TR(Total Return) ETF는 배당을 주식에 재투자한다.

달러 스위칭 투자의 성과를 개선할 방법은 없을까? — 한국 주식/미국 국채

환율 변화를 이용한 달러 스위칭 전략의 결과는 매우 실망스럽습니다. 환전 수수료를 감안한 실질적인 수익률이 부진했던 데다, 수익의 대부분이 2010년 이후에 창출되었기 때문입니다. 2000년대처럼 장기간에 걸쳐 부진한 성과를 기록한 시기가 있다는 것은 이 전략이 미래에도 일관되게 작동할 것이라는 기대를 낮추는 요인입니다. 그러나 여기서 한 가지 대안이 존재합니다. 그것은 바로 달러예금 대신 미국 국채에 투자하는 상장지수펀드(ETF)를 매매하는 것입니다.

한국 주식의 반대편 자산으로 달러예금 대신 미국 국채를 활용하는 이유는 '불황에 강해지는 특성' 때문입니다.[9] 한국 주식의 가격이 폭락하고 금융시장 참가자들이 불안에 떨 때, 그때 미국 달러가 강세

9 미국 국채에 투자하는 좀 더 자세한 이유는 부록의 [A.1] 항목에서 설명한다.

를 보이는 것은 물론 미국 국채의 가격도 상승합니다. 따라서 다음의 그림처럼 스위칭 전략을 변경해 보았습니다.

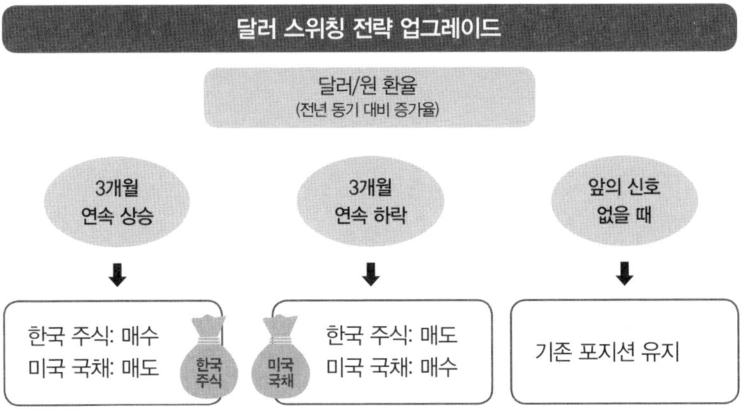

다음의 그림은 환율 변화를 활용한 '한국 주식/미국 국채' 스위칭 전략의 성과를 보여줍니다.

환율 변화를 이용한 '한국 주식/미국 국채' 스위칭 전략의 성과

자료: 한국은행, 리치고 인베스트먼트 작성

코스피200 TR의 누적수익률이 348%인 반면 스위칭 전략의 성과는 378%입니다. 수익률의 표준편차를 측정하면, 코스피200 TR이 21.7%를 기록한 반면 스위칭 전략은 17.8%에 그쳤습니다. 즉, 절대수익이나 변동성 모두 '한국 주식/미국 국채' 스위칭 전략이 우월했습니다.

이 결과에 만족하는 독자들도 있겠지만, 매매가 너무 잦고 또 2000년대 내내 '한국 주식/미국 국채' 스위칭 전략의 성과가 코스피200 TR의 성과보다 부진한 것이 눈에 거슬립니다. 10년간 수익률이 부진한 전략을 지속적으로 실행하기는 굉장히 힘들지 않겠습니까? 따라서 3장에서 다른 대안을 고민해 보려 합니다.

MONEY BOX

외화예금과 상장지수펀드ETF의 장단점은?

달러를 매입하는 방법은 크게 보아 두 가지가 있습니다. 첫 번째는 외화예금을 가입하는 것이고, 두 번째는 국내에 상장된 달러 투자가 가능한 상장지수펀드(이하 'ETF')를 매입하는 것입니다.

먼저 달러예금부터 살펴보자면, 가장 쉽게 이용할 수 있다는 게 장점입니다. 은행에 방문해 외화예금 통장을 개설하면 되고, 특별한 자격요건도 없습니다. 특히 외화예금에 투자하면 환율 변동에 따른 차익에 세금이 없습니다. 반면 외화예금에도 환전수수료라는 문제가 있습니다. 해외여행을 가기 위해 공항에서 환전할 때, 달러를 파는 환율과 사는 환율의 차이가 상당했던 것이 기억날 것입니다. 이게 외환투자에서는 모두 비용으로 돌아오죠. 따라서 환전수수료를 저렴하게 해주는 다양한 '환전 캠페인'을 활용해야 합니다.

두 번째로 달러에 투자하는 ETF에는 크게 달러 선물 ETF와 미국 국채 ETF가 있습니다. 둘 다 환전수수료 걱정이 적은 대신 세금이 문제가 됩니다. 국내 주식형 ETF는 매매에 따른 세금이 없지만, 달러 선물 ETF나 미국 국채 ETF 같은 '기타 ETF'는 매매수익의 15.4%를 세금으로 내야 합니다. 또한 미국 국채 ETF는 달러 선물 ETF에 비해 상대적으로 높은 이자를 받는 대신, 금리 변화에 따른 가격 등락도 더 큽니다. 아울러 이자(=분배금)에 대해서도 15.4%의 세금을 내야 합니다. 2021년 12월 기준 미국의 10년 만기 국채금리가 1.6% 전후에 불과하니 아직은 큰 문제가 아니지만, 이후에 금리가 상승하면 내야 할 세금도 늘어날 수 있습니다.

따라서 ETF 투자에 따른 세금 문제를 피하기 위해 연 2천만원까지 넣을 수 있는 '중개형 ISA(개인종합자산관리계좌)'를 활용하는 것도 방법입니다. ISA 계좌를 활용해 ETF를 매매하면, 번 돈의 200만원까지 비과세(연소득 5천만원 이하는 400만원까지)이고, 그 이상 번 돈에 대해선 9.9%로 분리 과세되는 이점이 있습니다.

상장지수펀드(ETF) 상품별 세금

구분	국내 상장지수펀드(ETF)		해외 상장지수펀드(ETF)
	국내 주식형 ETF	기타 ETF (국내채권형, 해외주식/채권형, 원자재, 레버리지 인버스 ETF)	
ETF 상품	• 타이거 200 • 타이거 코스닥150 • 타이거 부동산 인프라 고배당 등	• 타이거 미국 S&P500 선물 • 코세프 달러선물 • 코덱스 미국채선물 등	• 글로벌 X 고배당 리츠 • SPDR S&P500 • 인베스코 QQQ Trust 등
ETF 매도 시	과세 안 됨	배당소득세 15.4% (원천징수)	양도소득세(22%) 250만원 기본공제
분배금 수령 시	배당소득세 15.4% (원천징수)	배당소득세 15.4% (원천징수)	배당소득세 15.4% (원천징수)

자료: 미래에셋자산운용 블로그

3장

탑-다운 투자 2단계 :
환율 다음은 수출!

한국의 투자자는 수출지표에 주목하라!

2장에서 살펴본 달러 스위칭 업그레이드 전략은 수익률이 높고 투자 위험이 상대적으로 낮았지만, 두 가지 문제를 가지고 있었습니다. 하나는 매매가 너무 잦다는 것이고, 또 다른 하나는 2000년대처럼 이 전략이 잘 들어맞지 않은 시기도 있었다는 것입니다.

그렇다면 어떻게 해야 이 문제를 해결할 수 있을까요? 여러 방법이 있겠지만, 한국 수출 통계를 활용하는 매매전략이 대안이 될 수 있습니다.

다음의 그림에 나타난 것처럼, 수출이 잘되면 주가가 오르고, 수출이 잘 안 되면 그 반대의 일이 벌어지기 때문입니다. 이런 현상이 벌어지는 이유는 결국 실적, 그리고 모멘텀 효과 때문이겠죠. 수출이 잘되면 기업실적이 개선되고, 기업실적 개선에 대한 기대감이 높아지면 투자자들이 주식시장에 몰려듭니다. 그리고 일단 기업실적이 개선되고 주가가 오르기 시작하면, "달리는 말에 올라타라"는 주식시장의 격언을 실천에 옮기는 모멘텀 투자자들이 가세하기 시작합니다. 특히 각종 인터넷 커뮤니티에서 급등하는 종목에 대한 토론이 활성화되기 시작하면, 주식투자를 한 번도 안 하던 이들까지 이 주식에 투자를 시작할 수도 있는 일이죠.

이야기가 다른 데로 샜습니다. 아무튼 수출 통계는 매우 중요한데, 매월 1일 아침에 발표되는 〈수출입 동향〉 보도자료를 읽을 때에는 몇 가지 팁이 필요합니다. 그 가운데 하나는 수출 규모가 아닌, '전년 동기 대비 증가율' 숫자에 관심을 가져야 한다는 것입니다. 이것이 중요한 이유는 한국은 설과 추석이라는 양대 연휴가 있어 월별 등락이 대단히 크기 때문입니다. 지난달에 비해 수출이 늘었는지 혹은 줄었는지(이하 '전월비')를 쳐다봐서는 추세가 일목요연하게 떨어지지 않습니다.

한국의 수출증가율과 코스피지수 상승률의 관계

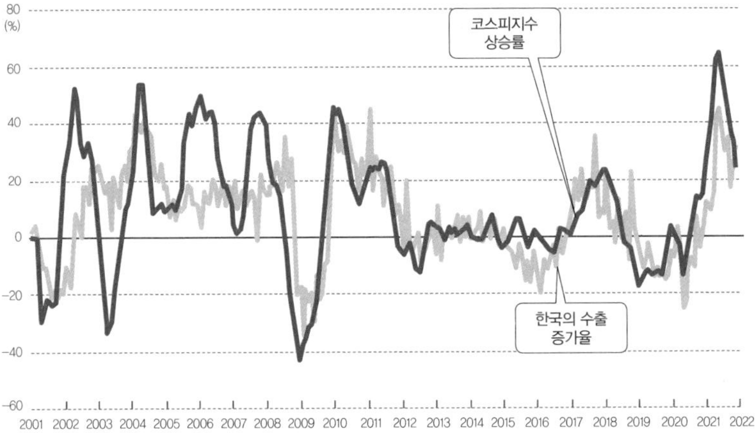

자료: 한국은행, 리치고 인베스트먼트 작성

따라서 저는 한국의 수출증가율이 어떤 방향으로 움직이는지를 가장 먼저 점검합니다. 예를 들어 이번에 발표된 〈11월 수출입 동향〉 자료에서 수출증가율이 8월(+5%)→9월(+10%)→10월(+15%)→11월(+20%) 같은 식으로 3개월 연속 높아진 것을 발견하면, 지금 투자 포지션을 점검하곤 합니다.

왜냐하면 수출증가율이 어떤 방향으로 꾸준히 움직인다는 것은 수출의 증가 혹은 하락 전환을 유발하는 어떤 요인이 생겼을 가능성을 시사하기 때문입니다. 이 아이디어를 활용하면 다음과 같은 '한국 주식/미국 국채' 스위칭 전략을 만들 수 있습니다.

한국 주식/미국 국채 스위칭 전략

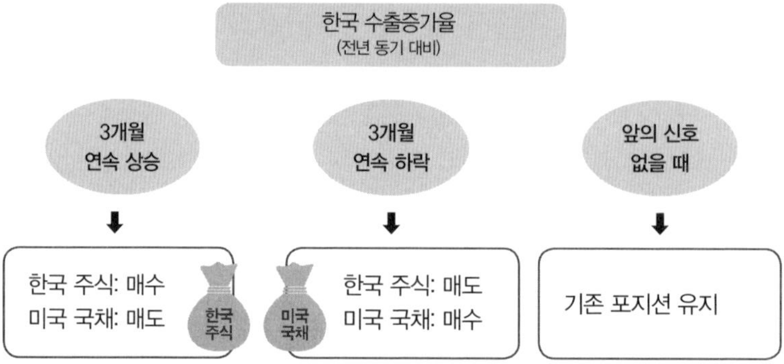

이 전략의 성과는 다음의 그림에 나타나 있습니다. 코스피200 TR이 348%의 성과를 올린 데 비해, 한국의 수출증가율에 따른 '한국 주식/미국 국채' 스위칭 전략의 성과는 301%에 그쳤습니다. 반면 수익률 표준편차를 비교하면, 코스피200 TR은 21.7%인데 반해 스위칭 전략

한국의 수출증가율을 이용한 '한국 주식/미국 국채' 스위칭 전략의 성과

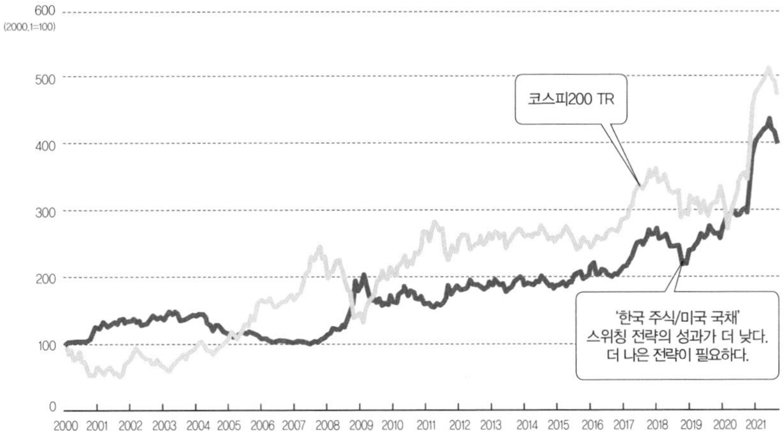

자료: 한국은행, 리치고 인베트스트먼트 작성

은 17.1%에 머물렀습니다. 즉, 절대수익은 코스피200 TR이 높고, 안정성은 스위칭 전략이 더 높습니다.

이 결과는 2장에서 살펴본 환율을 이용한 스위칭 전략보다 못합니다. 수익률이 낮은 것은 물론 투자 위험도 높은 편이기 때문이죠. 그럼, 어떻게 해야 달러 자산과 한국 주식을 갈아타며 '높은 수익과 낮은 위험'이라는 두 마리 토끼를 잡을 수 있을까요?

미국의 '매출액 대비 재고비율'은 어떨까?

한국의 수출이 주식시장과 매우 밀접한 연관을 맺고 있다는 것을 확인한 만큼, 한국 수출에 선행성을 가진 변수를 찾는 것이 가장 손쉬운 해결책이 될 것 같습니다. 한국의 수출 통계는 한 달이 끝나자마자 지난달의 수치가 발표될 정도로 '속보성'이 강하기에, 수출을 예측하는데 도움이 되는 지표를 찾는 일은 매우 힘듭니다. 수많은 통계를 살펴본 끝에, 미국의 '매출액 대비 재고비율(Inventory to Sales Ratio)'이 후보로 떠올랐습니다.

다음의 그림은 미국의 '매출액 대비 재고비율'과 한국 수출의 관계를 보여줍니다. 미국의 '매출액 대비 재고비율'이 상승할 때마다 한국 수출의 탄력이 둔화되는 것을 볼 수 있습니다. 반대로 2009년이나 2020년 하반기처럼 미국의 재고수준이 둔화될 때 한국의 수출이 강하게 반등하죠. 특히 좋은 점은 이 지표는 변동성이 크지 않으며, 방향

미국 '매출액 대비 재고비율'과 한국 수출증가율의 관계

자료: 세인트루이스 연방은행, 리치고 인베트스트먼트 작성

을 한번 정하면 그 흐름이 지속되는 경향을 가지고 있다는 점입니다. 일단 좋은 지표 같습니다. 이 지표만 믿고 투자해도 좋은지 검증해보죠. 미국 '매출액 대비 재고비율'을 활용한 '한국 주식/미국 국채' 스위칭 전략을 다음과 같이 설계합니다.

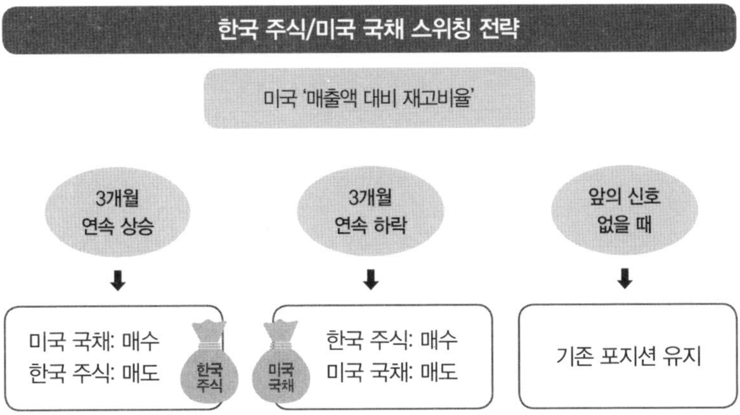

아래의 그림은 미국의 '매출액 대비 재고비율'을 이용한 '한국 주식/미국 국채'의 스위칭 전략과 코스피200 TR의 누적성과를 비교해 보여줍니다. 이 스위칭 전략의 누적 성과는 470%이고, 코스피200 TR의 성과는 348%로 그 격차가 상당히 큽니다. 수익률의 표준편차는 각각 21%와 22%입니다. 즉, 이 스위칭 전략이 한국 주식 '매수 후 보유' 전략보다 우월한 것으로 볼 수 있습니다.

그러나 미국의 '매출액 대비 재고비율'을 이용한 매매전략에도 몇 가지 아쉬움이 있습니다. 가장 큰 문제는 이 전략을 채택한 경우, 2000년대의 강세장을 놓칠 가능성이 높다는 것입니다. 이 전략을 2000년대 후반에 실행했다면 다행이지만, 만일 2000년대 초반에 실행했다면 아주 큰 고통을 겪으면서 투자를 포기했을지도 모르는 일이기 때문입니다.

미국 '매출액 대비 재고비율'을 이용한 '한국 주식/미국 국채' 스위칭 전략의 성과

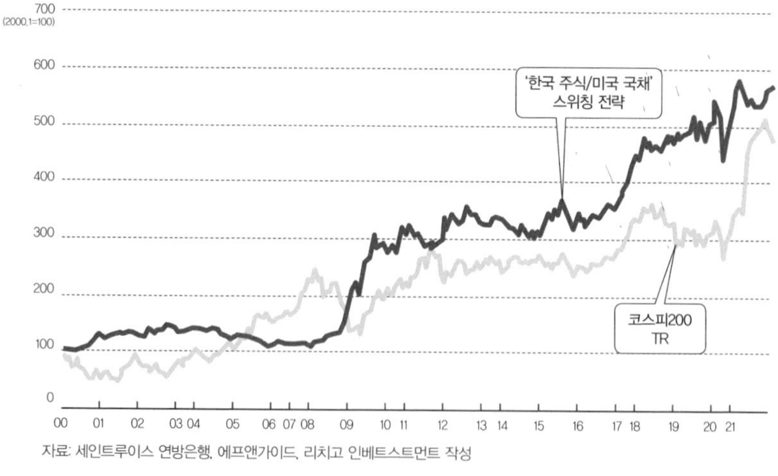

자료: 세인트루이스 연방은행, 에프앤가이드, 리치고 인베스트먼트 작성

미국 '매출액 대비 재고비율'을 이용한 스위칭 전략의 또 다른 문제는 이 지표가 '속보성'이 떨어진다는 것입니다. 이 책을 쓰는 2021년 12월 기준으로, 아직 9월 통계만 발표되었습니다. 즉, 2개월 이상 늦게 발표되는 통계라는 점 때문에, 여기에서 소개한 미국 '매출액 대비 재고비율'을 이용한 전략도 시차를 감안하여 작성했습니다. 다시 말해, 2개월 늦게 데이터를 확인하고 매매했음에도 좋은 성과를 거두었다고 볼 수 있습니다.

따라서 미국 '매출액 대비 재고비율'보다 더 신속하게 발표되며, 경기의 변화를 정확하게 파악하는 전략을 개발할 필요가 있습니다. 이 부분은 이어지는 4장에서 좀더 자세히 다루겠습니다.

MONEY BOX

미국 '매출액 대비 재고비율' 통계 찾는 법

미국의 재고 변동이 한국의 수출에 선행하는 만큼, 미국의 '매출액 대비 재고비율' 통계를 찾는 방법을 살펴보겠습니다.

① 이 데이터를 찾기 위해서는 구글에서 'FRED inventory to sales'로 검색하면 됩니다. 가장 위에 올라온 검색결과가 우리가 찾는 것일 가능성이 높습니다.

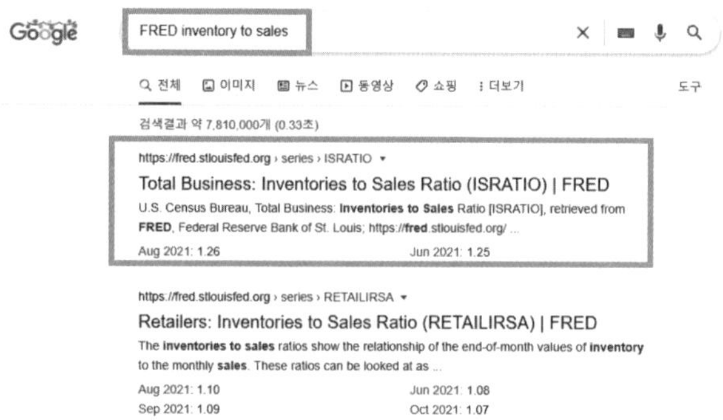

구글 검색 화면

② 참고로 FRED는 미국 세인트루이스 연방은행에서 제공하는 데이터베이스로, 아래 그림의 테두리 부분(EDIT GRAPH)을 클릭하면 그래프를 가공할 수 있습니다. 〈EDIT GRAPH〉를 누른 후 'ADD LINE' 탭을 선택하면, 그래프에 추가할 새로운 데이터를 고를 수 있습니다.

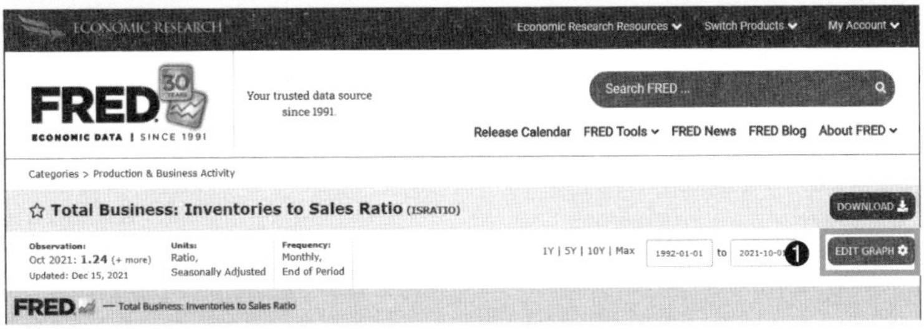

세인트루이스 연방은행의 데이터베이스(FRED)

③ 우리는 미국의 '매출액 대비 재고비율'과 한국 수출의 관계가 궁금하니, Add Line 탭에서 'Korea Export'라는 검색어를 입력하면, 바로 한국 수출 통계(④번 부분)가 나타납니다. 이제 이 데이터를 고르고 〈add data series〉 단추를 누르면 새로운 창이 열립니다.

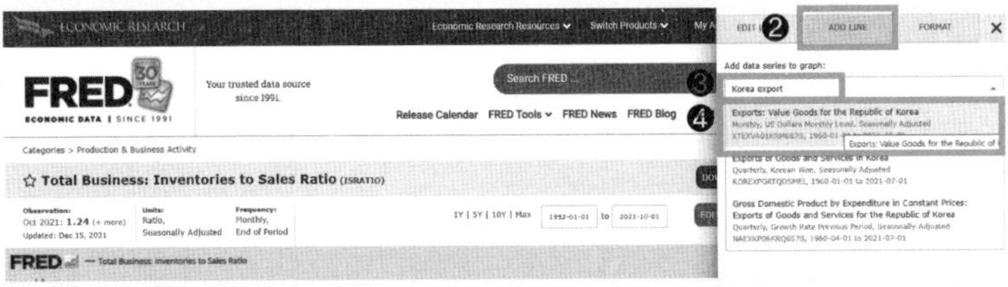

④ 그런데 미국의 '매출액 대비 재고비율'은 '배'로 표시되는 반면, 한국의 수출은 백만 달러 기준이니 한 화면에 이를 표시하기 어렵습니다. 따라서 'unit' 박스를 클릭해 'Percent Change from Year Ago'를 선택하면 됩니다.

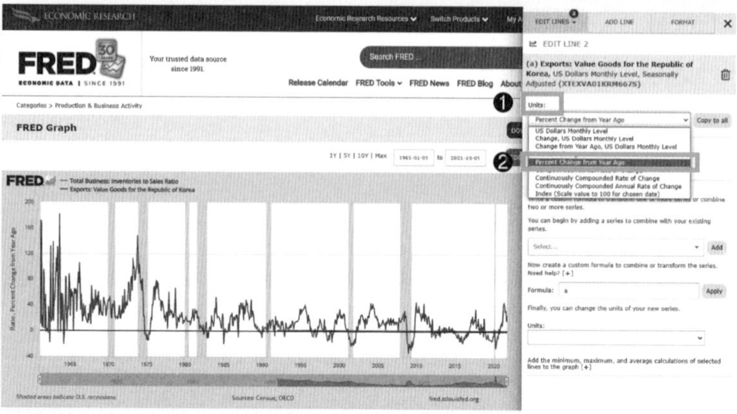

⑤ 이제 마지막 순서로 화면 상단의 'FORMAT' 탭을 클릭해, 한국 수출을 우축(Right)으로 분류하면 새로운 그림이 나타납니다. 이 그림이 맘에 든다면 그래프 아래 부분의 'Share Links'를 눌러서 다른 곳에 공유하면 됩니다. 저는 세인트루이스 연방은행 홈페이지에서 다양한 데이터를 조회한 후 이를 분류해 저장 중인데, 스마트폰에서도 이 링크를 누르면 바로 조회할 수 있어서 편리하게 쓰고 있습니다.

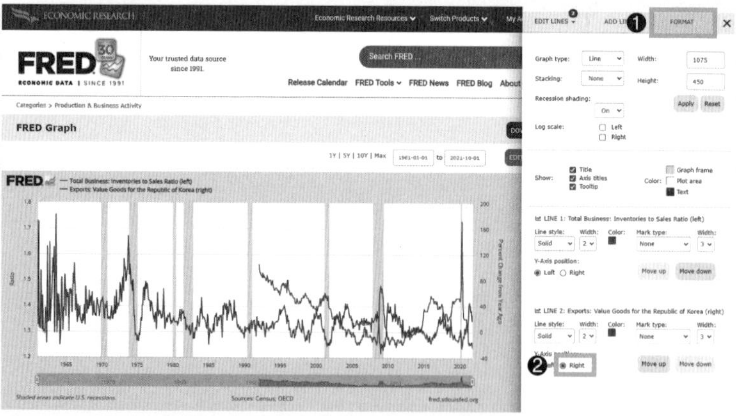

4장

소매판매 스위칭 전략: 채찍효과에 주목하라!

채찍의 손잡이를 조금만 흔들어도 끝은 요동친다!

3장에서 미국의 '매출액 대비 재고비율'이 한국 수출에 강력한 선행성을 보이는 것을 보며, 왜 저런 일이 벌어지는지 의문을 느낀 독자들이 많을 것입니다. 이 의문을 푸는 데 채찍효과(Bull Whip Effect)가 큰 도움을 줍니다.

채찍효과를 처음으로 발견한 이는 세계적인 생활용품 제조업체인 프록터앤갬블(P&G)의 아기 기저귀 물류 담당 임원입니다.[10] 그는 아기 기저귀의 수요 변동을 분석하다 흥미로운 사실을 발견했습니다. 아기 기저귀라는 상품의 특성상 소비자의 수요는 늘 일정한데, 소매점 및 도매점의 주문 수요는 들쑥날쑥했던 것입니다. 그리고 이러한 주문 변동폭은 '최종 소비자-소매점-도매점-제조업체-원자재 공급업체'로

10 장영재(2010), 『경영학 콘서트』, 비즈니스북스, 264쪽.

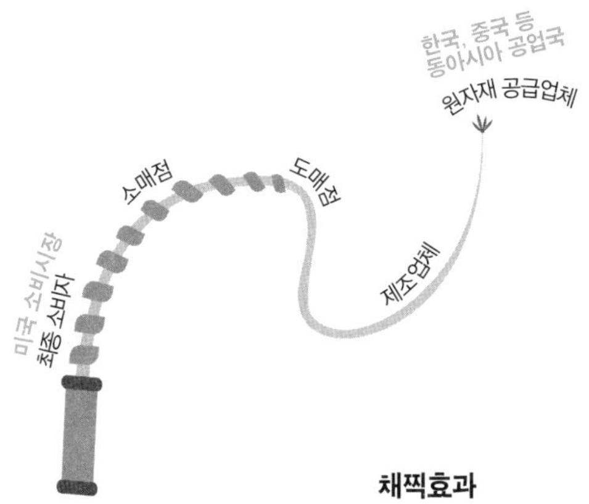

채찍효과

이어지는 이른바 공급사슬망(Supply Chain)에서 최종 소비자로부터 멀어질수록 커졌습니다. 채찍을 휘두를 때 손잡이 부분을 작게 흔들어도, 이 파동이 채찍의 끝 쪽으로 갈수록 더 커지는 현상과 유사하기에 '채찍효과'라는 별명이 붙었습니다.

선진국의 소비시장에 조금만 충격이 발생해도 한국이나 중국 등 동아시아 공업국의 경기가 크게 흔들리는 것이 채찍효과의 영향 때문이라고 할 수 있습니다. 채찍효과가 어떤 식으로 나타나는지, 2008년을 사례로 설명해보겠습니다.

2008년 미국 개인 소비지출 3% 감소, 소매판매 무려 13% 감소!

2008년 글로벌 금융위기 당시 주택가격이 폭락하고 금융기관의 연쇄적인 파산이 시작되는 가운데 소비도 줄어들기 시작했죠. 이때 가장 직접적인 타격을 받은 것은 소매판매(가전제품, 휘발유, 자동차, 여행, 외식, 마트 부문의 매출을 조사한 것)였습니다. 미국의 전체 소비에서 서비스는 무려

65%를 차지하는 반면 재화(Goods)의 비중은 단 35%에 불과한 것이 문제를 일으킵니다.

왜냐하면 서비스의 대부분은 집세와 의료비로 구성되어 있기 때문에, 불황이 닥치더라도 신속하게 조정할 수 없습니다. 물론 더 작은 집으로 이사하는 식으로 집세를 아낄 수도 있겠지만 시간이 걸리죠. 하루아침에 이사를 하기는 힘들며, 또 가능하더라도 당장 더 많은 비용이 들지도 모릅니다.

결국 부동산 가격이 폭락하고 대출금을 갚기 어려워진 가계 입장에서 줄일 수 있는 것은 옷이나 자동차 같은 재화밖에 없습니다. 그 결과 2008년 미국의 개인 소비지출은 단 3% 남짓 줄어들었지만, 재화가 주로 포함되어 있는 소매판매는 무려 13%나 감소했습니다.

더 나아가 소매업체가 가지고 있는 고질적인 문제도 소매판매의 위축을 더욱 크게 키운 요인이었습니다. 여기서 고질적 문제란 바로 정보 비대칭입니다. 쉽게 이야기해, 소매판매 업체가 가지고 있는 정보와 소비자가 가지고 있는 정보에 차이가 벌어지는 것을 뜻합니다. 2008년 여름, 대출이자를 갚지 못해 살던 집에서 나가야 하는 사람이 자주 가던 마트에 들러 "다음달부터 여기 못 옵니다. 집이 경매에 넘어가서 이사를 가야 하기 때문입니다"라고 이야기해 주지는 않았을 것이기 때문입니다.

따라서 소매판매 업체에서는 2008년 여름에 벌어진 갑작스러운 매출 감소의 원인을 제대로 파악하기 힘들었을 것입니다. 자기 점포만 매출이 줄었는지, 또 일시적인 현상인지를 파악하기 어려울 테니까 말입니다. 따라서 각 점포의 경영자 혹은 관리자들은 '재고를 쌓고 판촉 활동을 강화한다'는 결정을 내릴 가능성이 높습니다. 그러나 2008년 여름 발생한 글로벌 금융위기는 2009년 3월까지 이어졌기에, 소매점포의 대응은 최악의 결과를 가져왔죠. 판촉활동을 강화하느라 비용을 지불했음에도 매출은 오히려 감소했기 때문입니다.

결국 소비 감소 이후 2~3개월이 지난 다음, 소매판매의 더욱 격렬한 감소가 뒤따랐습니다. 경제위기가 수개월 내에 해결되지 않을 것이라고 판단한 소매업체들의 대대적인 재고 떨이가 시작되었기 때문입니다. 소매업체들의 이런 행동은 이제 제조업체에 큰 영향을 미치게 됩니다.

소매판매의 감소는 제조업에 더 큰 영향 미쳐

다시 2008년 사례로 돌아가보죠. 당시 미국의 소매판매 감소는 제조업체에 걷잡을 수 없는 영향을 미쳤습니다. 다음의 그림에 나타난 것

2008년 글로벌 금융위기 전후 미국 소매판매 증가율과 산업생산 증가율

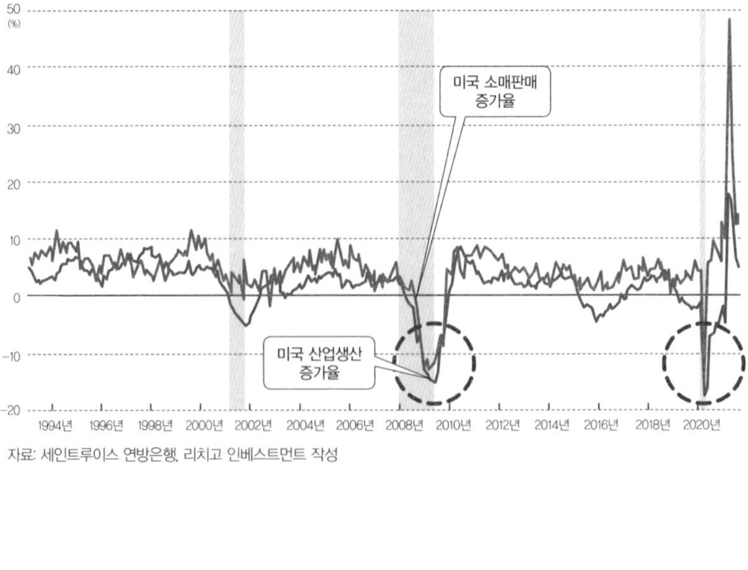

자료: 세인트루이스 연방은행, 리치고 인베스트먼트 작성

처럼, 미국의 소매판매는 13% 감소했지만 산업생산은 거의 20% 줄었습니다.

경기침체가 발생할 때, 제조업체가 소매업체보다 더 큰 영향을 받는 이유는 '정보 비대칭과 경기에 민감한 재화 소비의 감소' 문제 외에 두 가지 요인이 가세하기 때문입니다.

첫 번째 문제는 '숙련' 혹은 '협업'의 문제입니다. 예를 들어 길 가던 사람을 공장에 데려와서 일을 시킨다고 해서, 이 사람이 한몫을 해낼 수 있을까요? 아마 매우 힘들 것입니다.

대부분의 공장은 수개월 혹은 수년에 걸쳐 함께 일한 근로자들로 구성되어 있습니다. 제가 즐겨 보는 EBS의 프로그램 〈극한직업〉을 보면, 짧게는 수년, 길게는 수십 년에 걸쳐 쌓은 노하우를 활용해 도저히 불가능해 보이는 일을 척척 해내는 숙련된 기술자들을 볼 수 있습니다. 즉, 한 분야에서 오랜 기간 일한 근로자들의 협력이 생산성 향상의 기본이 되는 셈입니다.

따라서 기업 입장에서는 불황이 찾아왔다고 해서, 오랜 기간 동안 손을 맞춘 기술자를 단번에 해고하지 않습니다. 기업들은 최대한 재고를 쌓으면서, 불황이 단기간에 끝나기를 기대하는 쪽으로 경영 계획을 세울 것입니다.

제조업체들이 직면한 두 번째 문제는 인력관리의 어려움입니다. 경영난에 처한 기업이 근로자를 쉽게 교체할 수 있는 부품처럼 대하면 그 뒤에 큰 후폭풍이 발생할 수 있습니다. 왜냐하면 근로자들은 스스로 생각하고 또 단결하는 존재이기에, 불만이 쌓이고 회사에 대한 충성심이 사라진 공장에서 만들어지는 제품의 불량률은 높아질 것입니다. 특히 소비자들의 생명과 직접적 관련을 맺고 있는 제품의 경우, 불량은 곧 치명적인 사건 사고와 연결될 가능성이 높아집니다.

제품의 품질 불량이 기업의 위기를 유발한다는 것을 가장 잘 보여주는 사례가 미국의 타이어 회사 파이어스톤 사건입니다.[11] 파이어스톤 사는 2000년 8월 타이어 140만 개를 리콜을 하기로 결정했는데, 이는 포드 사의 2세대 익스플로러 자동차에 들어간 자사 타이어의 불량 문제 때문이었습니다. 271명의 사망자와 약 800명 이상의 부상자가 생긴 자동차업계 역사상 최악의 사건 중 하나였죠. 파이어스톤에서 만든 모든 타이어에 문제가 있었다면, 포드의 2세대 익스플로러 자동차만 문제를 일으키지는 않았을 것입니다. 여러 학자들의 연구에 따르면, 1994~1996년 파이어스톤의 일리노이 공장에서 생산된 타이어에 치명적인 품질 결함이 있었다고 합니다.[12]

1994년 초 파이어스톤은 기존 8시간 근무제를 12시간 근무제로 바꾸고, 주야 교대제를 도입하면서 공장을 24시간 가동체제로 바꾸려 시도했습니다. 이에 반발한 약 4천 명의 근로자들이 파업을 시작했지만, 파이어스톤은 이들 대신 임금이 훨씬 싼 대체 근로자를 투입하기에 이릅니다.

다음해까지 이어진 파업에서 결국 근로자들이 패배하면서 가혹

---

11 Motortrend(2020.11.21), "희대의 사건".

12 새뮤얼 보울스, 리처드 에드워즈, 프랭크 루스벨트(2009), 『자본주의 이해하기』, 최정규 옮김, 후마니타스, 430쪽.

한 처분을 받아야 했습니다. 회사로 돌아온 파업 참가자들은 자신의 자리를 차지한 대체 인력과 함께 일하게 된 것은 물론, 작업여건이 좋지 않은 곳에 배치를 받았다고 합니다. 파업과정에서 새로 고용된 이들과 파업 참가자들의 사이가 좋을 수 없는데다, 이전보다 더 낮은 임금을 받으면서 힘든 일을 하게 된 사람들은 근로의욕을 잃어버리게 되었습니다. 결국 이 모든 문제는 타이어의 결함을 증가시키고, 치명적인 스캔들로 연결되었습니다.

파이어스톤 사례에서 보듯, 제조업체들은 주문이 감소했다고 해서 신속하게 대응할 수 없습니다. 재고를 최대한 쌓으며 버티다, 도저히 버티기 힘들 때가 되어서야 근로자를 해고하고 노후화된 생산설비를 정리하는 등의 행동에 나설 수 있습니다. 그뿐만 아니라 해고된 근로자들에게 '경기가 회복될 때 가장 먼저 고용하겠다'고 약속하는 게 일반적입니다. 따라서 미국 제조업체들의 생산은 소매판매에 후행할 뿐만 아니라 훨씬 더 격렬한 변동성을 보이게 됩니다.

미국 제조업 생산 감소, 한국 수출에 일파만파

다시 2008년 여름의 이야기로 돌아가자면, 미국에서 부동산 가격의 하락이 소비 위축을 부르고, 소매판매 감소가 제조업 생산의 부진을 유발하고 있었지만, 한국의 수출은 감소 징후를 느낄 수 없었습니다. 다음의 그림에서 2008년 하반기 한국의 수출 흐름을 살펴보면, 수출 증가율이 7월에는 전년 같은 기간에 비해 32.9% 증가했던 것이 11월에는 -16.9%로 돌아섭니다. 수출지표가 불과 4개월 만에 천당에서 지옥으로 굴러떨어진 셈입니다.

한국 수출의 이러한 높은 변동성은 어디에서 기인할까요? 지금까지 살펴본 여러 가지 요인(정보 비대칭과 경기 민감 소비재의 높은 변동성, 생산과정의 협업 문제, 품질관리 중요성 등) 외에 세 가지 요인이 영향을 미치기 때문입니다.

첫 번째 요인은 한국 수출산업의 포트폴리오입니다.

2008년 글로벌 금융위기 전후 미국 산업생산 증가율과 한국 수출증가율의 관계

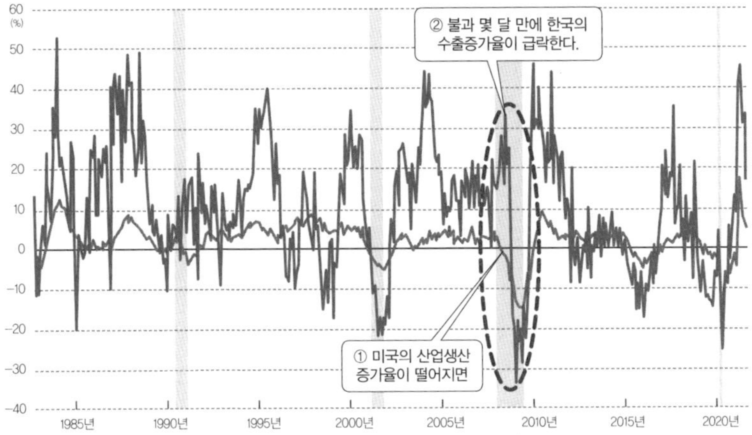

자료: 세인트루이스 연방은행, 리치고 인베스트먼트 작성

다음 쪽의 표는 한국의 10대 수출품목을 보여줍니다. 대부분이 경기에 민감한 내구재 및 자본재 위주라는 것을 알 수 있습니다. '소매판매' 항목에서 잠깐 설명한 것처럼, 자동차나 스마트폰 같은 내구재는 소비자들의 심리 변화에 큰 영향을 받습니다. 석유화학 및 반도체, 그리고 일반기계 등의 부품 및 자본재도 매우 큰 경기변동에 노출됩니다. 왜냐하면 기업들의 투자는 소비자의 심리 변화에 직접적 연관을 맺고 있기 때문이죠.

자본재의 경기변동성이 커지는 원인에 대해서는 2000년 정보통신 거품 붕괴 당시 라우터를 생산하던 거대 통신장비업체 시스코 시스템즈(Cisco Systems, 이하 '시스코')의 사례를 보면 쉽게 이해됩니다.[13] 라우

---

13 시스코에 대한 내용은 인더 시두의 책 『투 래빗』(김하락 옮김, 모멘텀, 2011)에 큰 도움을 받았다.

한국의 10대 수출품목

단위: 100만 달러, %

순번	품목	2020년 10월		2021년 8월		9월		10월	
		금액	증감률	금액	증감률	금액	증감률	금액	증감률
1	반도체	8,677	10.4	11,695	42.6	12,181	28.2	11,174	28.8
2	석유화학	2,961	−14.2	4,980	81.6	4,786	52.0	4,989	68.5
3	일반기계	3,893	−10.8	4,064	23.4	4,477	7.9	4,387	12.7
4	석유제품	1,645	−50.4	3,077	54.5	3,467	79.2	3,917	138.1
5	자동차	4,016	5.8	3,030	16.9	3,559	−6.1	3,828	−4.7
	(전기차)	495	41.1	569	130.6	651	45.9	734	48.5
6	철강	2,267	−7.0	3,151	53.5	3,413	41.7	3,367	48.6
7	디스플레이	1,869	5.2	1,945	23.7	2,172	17.3	1,968	5.3
	(OLED)	1,282	22.7	1,399	47.3	1,619	33.1	1,394	8.7
8	자동차부품	1,806	−9.4	1,580	22.2	1,853	−5.2	1,785	−1.2
9	무선통신기기	1,352	−11.9	1,351	62.1	1,415	19.9	1,562	15.5
10	선박	1,449	−21.9	1,623	38.2	1,036	−40.5	1,542	6.4

자료: 산업통상자원부, 리치고 인베스트먼트 작성

터란 기업이나 개인용 컴퓨터 사용자가 인터넷 망에 연결하기 위해 필요한 장치로, 시스코 사는 당시 미국 등 주요 선진국에서 시작된 인터넷 보급의 확대 속에 가파른 성장세를 이어가고 있었습니다. 2020년 코로나 팬데믹 이후에는 BBIG(배터리, 바이오, 인터넷, 게임) 테마가 시장을 주도한 것처럼, 2000년 정보통신 붐 당시에는 TMT(통신, 미디어, 기술)가 아니면 주식시장에 명함을 내놓을 수 없었죠.

시스코는 대량주문에 적극적인 기업 인수합병(M&A)으로 대응했습니다. 앞으로 호황이 계속될 것이라고 낙관해, 비용이 당장 더 들더라도 되도록 많은 부품 제공업체를 거느리는 방향으로 경영했던 것입니다. 이 결과, 2000년 초 정보통신 붐이 절정에 도달했을 때 시스코의 리드타임은 무려 3개월에 달했다고 합니다.

주문에서 출고까지 3개월이나 걸리자, 통신회사들은 시스코의 제품을 남들보다 더 빨리 받을 목적으로 편법을 사용하기 시작했습니다. 즉, 자신들이 실제로 받으려는 물량의 두 배 혹은 세 배의 주문을 했던 것입니다. 이를 경영학계에서는 '대량주문 우선의 법칙'이라고도 합니다. 한번에 많은 주문을 하는 기업에 단가를 깎아주거나, 또는 우선적으로 배송해주는 것을 의미하는데, 지금도 일상적으로 이뤄지는 일입니다.

그러나 2000년 봄부터 주식가격이 폭락하자, 이 모든 선순환이 무너졌습니다. 통신회사들은 주가 하락의 영향으로 자금을 신속하게 조달하기 어려워졌고, 경기전망이 나빠지며 인터넷 가입자 증가세도 한풀 꺾였습니다. 통신회사들은 시스코가 제품을 인도하기 전에 '라우터에 대한 주문을 철회'한다고 통보하기 시작했습니다.

당시 시스코는 통신회사들이 실제 주문을 수요보다 두 배 혹은 세 배 이상 부풀리고 있다는 사실을 몰랐기에 그 충격은 매우 컸습니다. 이후 시스코의 경영진은 1,300개가 넘던 부품 공급업체를 4년에 걸쳐 300개로 줄이는 혹독한 구조조정을 단행해야 했습니다.

이상과 같은 시스코의 사례에서 보듯, 부품이나 기본장비를 생산하는 기업들은 끊임없이 과잉주문 위험에 시달립니다. 물론 시스코를 비롯한 여러 기업들은 이 문제를 해결하기 위해 '주문 전 생산'이 아닌

'주문 후 생산' 방식으로 바꾸고, 더 나아가 고객사의 경영상황을 파악하기 위해 많은 노력을 기울이고 있습니다.

그러나 한국은 시스코보다 불리한 위치에 놓여 있습니다. 왜냐하면 미국이나 유럽 등 세계 주요 소비시장으로부터 거리가 매우 떨어져 있기 때문에 정보를 신속하게 파악하기도 어렵고, 또 대응하기도 쉽지 않습니다.

지난 2021년 5월 발생한 이른바 '수에즈 운하 길 막기' 사건은 한국을 비롯한 동아시아의 수출국가들이 처한 어려움을 잘 보여줍니다. 거대한 컨테이너선 에버 기븐(Ever Given)이 수에즈 운하를 운항하다 좌초되어 6일간 세계적인 물류대란이 벌어졌을 때, 동아시아 수출국가들은 수에즈 운하 말고 다른 선택지가 없었습니다. 아프리카 최남단의 희망봉을 돌아가지 않은 다음에야 유럽에 컨테이너선을 보낼 길이 없었기 때문입니다. 따라서 수에즈 운하가 다시 개통될 때까지, 수에즈 운하의 지중해 및 인도양 입구에는 수많은 배가 끝없이 늘어설 수밖에 없었습니다.

동아시아 각국이 거대한 컨테이너선 덕분에 유럽이나 미국으로 물건을 값싸게 수출할 수 있게 된 것은 좋은 일입니다만, 한 가지 대가를 치러야 했습니다. 그것은 배의 사이즈가 점점 커질 가능성이 높다는 점입니다. 운송비용이 아무리 절감되었다고 하더라도, 거대한 컨테이너선을 빌리는 데에는 많은 비용이 필요합니다. 따라서 동아시아 수출기업들은 컨테이너에 많은 화물을 싣는 쪽으로 궁리할 수밖에 없습니다. 그런데 이와 같은 '대형화' 전략은 선진국 수요의 변동에 대한 대응능력을 약화시키게 됩니다.

2008년 여름, 선진국에서 이미 불황이 시작되었음에도 한국의 수출이 30%가 넘게 늘어났던 것도 이 때문입니다. 선진국의 소비가 이미 침체되기 시작했음에도, 한국에서 실어 보낸 제품은 아직 태평양 혹은 인도양을 지나가는 중이니 당연히 수출 통계가 잘 나올 수밖에 없었죠. 참고로, 한국의 수출은 평택이나 울산 등 한국의 항구에서 통관된 시점을 기준으로 측정합니다.

결국 급박한 경제충격이 발생할 때, 수출 호조는 급격한 수출 감소로 연결됩니다. 당시 한국의 수출이 4개월 만에 10% 이상 감소한 것은 선진국의 소매 및 제조업체들이 한국의 수출기업들에 '주문 취소' 통보를 했기 때문이죠. 이를 선진국 기업들의 횡포라고 단정짓기 어려운 것이, 그들 입장에서는 7월에 한국에서 출항한 컨테이너선에 가득 실린 물건이 자국의 항구에 고스란히 재고로 남아 있었기 때문입니다.

따라서 선진국의 소비가 줄어드는 시기에 한국의 수출은 급감하며, 반대로 선진국의 소비가 회복되며 재고가 소진될 때에는 한국의 수출은 폭발적인 증가세를 기록하게 됩니다.

소매판매 스위칭 전략 테스트!

사소한 선진국 소비자의 태도 변화만으로도 한국 수출이 급격히 요동친다는 것을 투자에 활용할 수 없을까요?

미국 개인 소비지출 통계가 첫 번째 후보이지만, 실질가격 기준인데다가 한달 늦게 발표되는 문제가 있습니다. 실질가격이란 물가의 변화를 감안한 소비지출 통계란 뜻입니다. 그런데 한국의 수출(및 이익) 통계는 물가 변화가 반영된 것입니다. 투자자 입장에서 매출의 증가가 물량 증가 때문인지, 아니면 물가상승 때문인지는 중요하지 않습니다. 더 나아가 이 지표가 어떤 달이 끝난 후 한 달이 지난 후 발표된다는 점도 스위칭 전략 개발에 어려움을 주죠. 따라서 개인 소비지출보다 소매판매 증가율에 주목할 필요가 있습니다. 매달 중순에 발표되는 등 속보성이 높은데다가 명목가격 기준이라는 것이 큰 장점입니다.

미국의 소매판매 증가율이 3개월 연속 높아지면, 소비자들의 수요가 점점 커지고, 미국 기업들의 재고가 줄어든다는 뜻이니, 앞으로 한국의 수출이 늘어날 것으로 기대하며 한국 주식을 매입합니다. 반대로 미국의 소매판매 증가율이 3개월 연속 둔화되면, 이는 한국 수출의 감소 위험이 높아질 테니 한국 주식을 매도합니다.

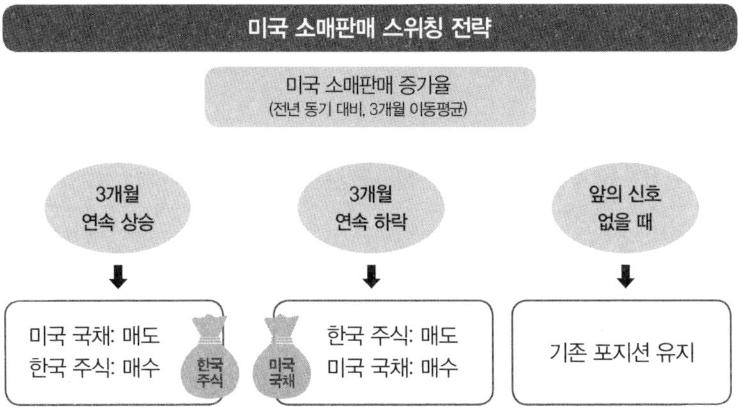

이 전략은 3장 미국의 '매출액 대비 재고비율' 스위칭 전략과 큰 틀에서 비슷합니다. 다만 소매판매 증가율의 경우 전년 동기 대비 증가율을 구한 후 3개월 이동평균을 계산해 사용한다는 것이 조금 다르죠.

미국의 '매출액 대비 재고비율'은 추세를 한 번 형성하면 매우 안정적인 특성을 보이지만, 소매판매 증가율의 경우 월별 변동이 대단히 큽니다. 물론 그래 봐야 산업생산이나 한국의 수출에 비하면 아주 낮은 변동성입니다만, 소매판매의 월별 등락이 이처럼 크다 보니 잦은 매매를 유발하는 문제가 있습니다. 따라서 3개월 이동평균, 즉 1월, 2월, 3월 통계가 있다면 이를 평균함으로써 일시적인 증가율의 등락을 제거하는 것입니다.

다음의 그림에서 소매판매 스위칭 전략의 성과를 살펴보죠. 미국의 소매판매 증가율을 이용한 스위칭 전략은 2000년 이후 639%의 수익을 올린 반면, 한국 주식에 장기투자를 한 경우의 성과는 344%에 그칩니다. 그뿐만 아니라 소매판매 스위칭 전략의 성과가 훨씬 안정적입니다. 한국 주식에 투자하면 20년 동안 수익률의 표준편차가 22%에 달하지만, 미국의 소매판매 증가율을 활용한 스위칭 전략의 표준편차는 18%에도 미치지 못합니다.

3장의 미국 '매출액 대비 재고비율'을 이용한 매매전략과 비교해 보면, 두 가지 문제가 모두 개선된 것을 알 수 있죠. 2000년대에도 이 전략은 잘 작동하며, 또 매월 중순에 바로 앞 달의 소매판매 통계가 발표되어 신속한 대응이 가능하기 때문입니다.

미국 소매판매 증가율을 이용한 스위칭 전략의 성과

자료: 한국은행, 리치고 인베트스트먼트 작성

소매판매 스위칭 전략도 완벽하지는 않아!

이상의 결과를 보면 소매판매를 이용한 스위칭 전략이 완벽해 보이지만, 아직 몇 가지 아쉬운 점이 있습니다. 가장 큰 문제는 3개월 이동평균을 했음에도 불구하고 잦은 매매신호가 출현했다는 점입니다. 2001년 이후 무려 31번이나 사고팔아야 합니다. 예를 들어 2016년 연초에는 국제유가 폭락 사태로 '미국 국채 매수' 신호가 발생한 후, 봄에는 일시적으로 경기가 회복되며 '미국 국채 매도' 신호가 발생했고, 그해 7월 영국의 유로존 이탈 국민투표(Brexit)를 계기로 다시 소비가 위축되며 '미국 국채 매수' 신호가 발생했던 것입니다.

물론 이와 같은 잦은 매매에도 불구하고 큰 성과를 거두었으니, 이 전략을 폐기하기는 어렵습니다. 그럼, 이 전략을 어떻게 보완해야 할까요? 이동평균 기간을 3개월에서 5개월로 바꾸는 것도 방법이겠지만, 저는 소비에 영향을 미치는 핵심적인 경제지표를 추가하는 쪽으로 방향을 잡았습니다. 즉, 보조지표를 더한 이른바 '듀얼 스위칭 전략'을 만들어보려 합니다. 여기에 대해서는 5장에서 살펴보겠습니다.

'한국 주식/미국 국채' 스위칭 전략은 어떤 ETF로?

4장의 스위칭 전략 백테스트는 코덱스(KODEX)200 TR(278530)과 타이거(TIGER) 미국채10년선물(305080) 가격 기준입니다. 코덱스200 TR은 2017년 11월 21일에 상장되었지만, 코스피200을 기초자산으로 사용했기에 2000년까지 데이터를 추산할 수 있었습니다. 한편 타이거 미국채10년선물은 2018년 8월 30일 상장되었지만, 'S&P 10-Year U.S. Treasury Note Futures 지수(ER)'를 기초자산으로 사용했기에, 역시 2000년까지의 업데이트가 가능했습니다. 물론 실제 시장에서 거래된 가격이 아니기에, 약간의 오차는 있을 수 있습니다.

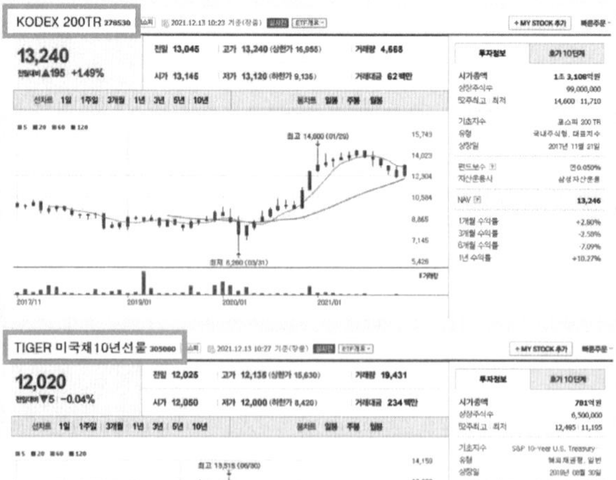

네이버 증권

5장

듀얼 스위칭 전략 1:
미국 소매판매와 주택시장지수를 활용하라!

미국 소비지출의 선행변수는?

4장에서 소매판매 등 미국의 소비지표가 탑-다운 투자에 아주 유용하다는 것을 알 수 있었습니다. 그런데 소매판매를 활용하는 스위칭 전략에도 한 가지 문제가 있었죠. 그것은 바로 높은 변동성입니다. 매매의 방향이 1년에도 여러 번 달라진다면, 각종 수수료 지출뿐만 아니라 '경제지표만 보면 되는' 맘 편한 투자라고 주장할 수 없을 것 같습니다.

이 문제를 해결하기 위해, 5장에서는 미국 소비의 선행지표에 주목합니다. 소매판매에 영향을 미치는 변수를 활용하면 더 효과적인 전략을 개발할 수 있을 것으로 기대되기 때문이죠. 여러 지표가 소비에 영향을 미치지만, 가장 유력한 지표는 부동산인 것 같습니다. 경제학자들은 이를 '부의 효과(Wealth Effect)'라고 합니다.

다음의 그림은 미국의 주택가격 상승률과 개인 소비지출의 관계를 보여줍니다. 주택가격이 상승할 때마다 소비가 개선되는 것을 쉽게 확인할 수 있습니다. 이는 어쩌면 당연한 일입니다. 왜냐하면 대부분의 나라의 가계에서 주택은 가장 중요하면서도, 또 유일한 자산인 경우가 적지 않기 때문입니다. 국제결제은행(BIS)의 자료에 따르면, 미국의 소득 상위 20% 가계는 자산의 54.5%를 주택에 투자하지만, 중하층(소득 61~80%) 가계는 자산의 91.1%를 주택에 투입하고 있는 것으로 나타납니다.[14]

미국 주택가격 상승률과 개인 소비지출의 관계

자료: 세인트루이스 연방은행, 리치고 인베스트먼트 작성

---

14 Dietrich Domanski, Michela Scatigna and Anna Zabai(2016), "Wealth inequality and monetary policy", *BIS Quarterly Review*, March 2016.

부동산 가격이 하락하면 '신용경색'이 발생한다!

부동산 시장은 또 다른 측면에서도 가계소비와 연관을 맺고 있는데, 그것은 바로 금융 접근성입니다. 미국이나 유럽 등 대부분의 선진국은 금융 시스템이 잘 발전되어 있기에, 소득수준이 높거나 주택 등 담보를 제공할 수 있는 가계는 얼마든지 대출을 받을 수 있습니다. 그러나 1992년이나 2008년 같은 주택가격 붕괴의 시기에는 대출을 받기 힘듭니다.

그 이유는 주택가격이 하락하는 국면에서는 은행의 대출심사가 까다롭게 변하기 때문입니다. 은행 입장에서 매우 건전하다 싶은 가계나 기업만을 대상으로 대출해주는 것입니다. 이런 현상이 나타나는 이유는 은행들이 자기자본비율 등 강력한 규제를 적용받는 데 있습니다. 대출해준 돈을 제때 상환을 받지 못하거나 이자가 연체되는 경우, 은행들은 충당금을 쌓아야 합니다. 그리고 이는 은행의 자기자본 훼손으로 이어지죠. 여기서 자기자본이란 은행들이 주주로부터 투자

받은 돈과 누적된 이익잉여금을 합한 것입니다.

예를 들어 어떤 은행이 부실대출로 큰 손실을 입었다고 하더라도, 자기자본이 충분한 경우에는 큰 어려움 없이 지나갈 수 있을 것입니다. 그러나 은행이 연이은 손실을 입어 자기자본이 크게 줄어든 상태라면, 마음 편하게 이 은행에 돈을 맡길 고객이 줄어들 것입니다. 은행들은 기본적으로 고객의 예금을 받아 대출로 운용하며 수익을 내는 곳인데, 고객들이 이 은행의 건전성을 믿지 못해 예금을 인출하는 경우에는 큰 위기에 처할 수 있습니다.

따라서 각국 금융정책 당국은 은행의 경영상태를 엄격하게 감독하고, 자기자본비율이 8%에도 미치지 못하는 은행을 대상으로 '적기시정조치'를 취합니다.[15] 간단하게 말해, "당신네 은행은 매우 부실하니, 이제부터 임금을 삭감하고 배당도 중단하라"는 지시를 받게 되는 것입니다.

은행은 민간기업인데, 이렇게 엄격한 규제를 받는 이유는 '예금자보호법' 때문입니다. 한국의 경우, 은행이 망하더라도 5천만원까지 예금이 보호됩니다. 물론 이 과정에서 예금보험공사는 큰 손실을 입을 수 있겠죠? 따라서 예금보험공사와 금융감독원 등의 공공기관들은 끊임없이 은행의 경영상태를 관찰하고, 분기마다 평가보고서를 제출합니다.[16]

15 금융민원센터, "적기시정조치란?".

16 금융감독원(2021.12.1), "2021년 3분기 은행지주회사 및 은행 BIS 기준 자본비율 현황".

이런 배경이 있기에, 금융기관들은 부동산 가격의 변동에 대단히 민감합니다. 부동산 가격이 급락하는 경우에는 부동산을 담보로 돈을 빌린 사람들의 연체 가능성이 높아질 뿐만 아니라, 빚을 못 갚은 사람의 집을 압류해서 경매에 넘기더라도 제값을 못 받을 가능성이 높기 때문입니다.

실제로 2008년 글로벌 금융위기 때 미국에서만 800만 채의 집이 압류(Foreclosure)되었으며, 이에 따라 은행들의 경영성과가 크게 악화되거나 심지어 파산하는 지경에 이르렀습니다.

따라서 주택가격이 급락하는 경우, 가계는 이중고를 겪게 됩니다. 가장 큰 고통은 보유 자산가치의 하락으로 노후설계에 차질이 생기는 것이고, 다른 한편으로는 일시적인 해고나 가족의 질병 등에 대응하기 위해 은행에서 돈을 빌려야 할 때 어려움을 겪을 수 있겠죠. 이런 까닭에 항상 미국 등 선진국 부동산 시장에 대한 관심을 가져야 합니다.

부동산 경기를 예측하는 방법: 금리와 주택공급에 주목하라!

미국 소매판매에 부동산 가격 변화가 선행하니, 부동산 가격이 상승할 때 한국 주식을 사고, 부동산 가격이 하락할 때 미국 국채를 사는 전략이 효과적일 것 같습니다. 그런데 여기에 한 가지 문제가 있습니다. 그것은 다름이 아니라 케이스-쉴러 주택가격지수가 2개월 늦게 발표된다는 것입니다. 그럼 어떻게 해야 할까요?

이 문제를 해결하기 위해 부동산시장의 수요와 공급 변수를 살펴보려 합니다. 수요 면에서 가장 중요한 것은 가계의 구입 여력이죠. 소득과 금리가 주택 수요를 좌우할 수밖에 없습니다. 그런데 앞에서 주택가격이 개인소비에 직접적인 영향을 미친다는 점을 파악한 만큼 '주택가격→소득' 영향이 우세하다고 볼 수 있습니다. 따라서 주택 수요를 파악하기 위해서는 무엇보다 부동산 담보대출 금리(이하 '모기지 금리')의 동향에 관심을 가져야 합니다.

그런데 변동금리 대출이 주를 이루고 있는 한국과 달리, 미국은 장기 고정금리 대출이 일반적입니다. 즉, 30년 만기로 돈을 빌려 매년 원금과 이자를 갚아 나가는 식입니다. 변동금리 대출은 시장금리에 대단히 민감합니다만, 장기 고정금리 대출은 금리 변화에 후행적으로 움직이는 특성이 있습니다. 왜냐하면 대출을 한 번 받은 후 30년 혹은 그 이상 갚아 나가야 하니, 금리 변화에 즉각 반응하기 어렵기 때문입니다. 금리가 계속 떨어질 수 있으니, 금리가 조금 내렸다고 바로 집을 사지는 않을 것입니다. 그러나 안타깝게도, 금리 변화만으로 부동산 시장의 여건을 완벽하게 예측하기는 힘듭니다. 왜냐하면 공급 요인이 영향을 미치기 때문입니다.

미국의 주택공급을 가장 잘 보여주는 지표는 '신규주택 착공'의 변화입니다. 신규주택 착공은 대단히 강력한 경기 선행변수로도 유명하지만, 주택시장의 흐름을 측정하는 데에도 도움이 됩니다.[17]

왜 신규주택 착공이 부동산 시장의 흐름을 예측하는 데 도움이 될까요? 전설적인 주식투자자 워런 버핏이 버크셔 해서웨이의 2011년 주주총회에서 제출한 사업보고서가 힌트를 제공합니다.[18]

> 주택경기는 회복될 것입니다. 이 말은 믿어도 됩니다. 장기적으로 주택수는 가구수를 따라갈 수밖에 없습니다. 그러나 2008년 이전에는

17 Don Schlagenhauf and Ryan Mather(2019.2.26), "Predicting Recessions: Which Signals Are More Accurate?", St. Louis FED.

18 워런 버핏, 리처드 코너스(2017), 『워런 버핏 바이블』, 이건 옮김, 에프엔미디어, 592~593쪽.

가구수보다 주택수가 더 많아졌습니다. 그 결과 지나치게 커진 거품이 요란하게 터지면서 경제를 통째로 흔들어 놓았습니다. 이 때문에 다른 문제가 발생했습니다. 침체 초기에는 가구수 증가 추세가 둔화했고, 2009년에는 가구수가 극적으로 감소했습니다.

그러나 끔찍했던 수급 상황이 이제는 역전되었습니다. 지금은 주택수보다 가구수가 매일 더 증가하고 있습니다. 불확실한 기간에는 사람들이 결혼을 미루지만, 결국은 호르몬을 억제하지 못합니다. 사람들이 침체기 초기에는 시댁이나 친정에서 함께 살더라도, 머지않아 이런 생활에서 벗어나고 싶을 것입니다. 현재 신규주택 착공은 연 60만 건이어서 가구 증가수보다 훨씬 적으므로, 이제는 주택 구입이나 임차가 증가하면서 과거의 주택공급 과잉 상태가 빠른 속도로 해소되고 있습니다.

워런 버핏의 예측은 기가 막히게 맞아떨어졌습니다.

다음의 그림은 미국의 신규주택 착공과 주택가격 상승률의 관계

1988년 이후 미국 신규주택 착공과 주택가격 상승률의 관계

자료: 세인트루이스 연방은행, 리치고 인베스트먼트 작성

를 보여줍니다. 그런데 2011년을 기점으로 미국 주택가격이 본격적인 상승 흐름을 탄 것을 발견할 수 있습니다. 새로 지어진 집이 희소할 때에는 가격 상승의 가능성이 높아지기 때문에 벌어진 일이죠. 반대로 2000년대 후반처럼 새집이 너무 많이 공급될 때에는 주택가격이 떨어지는 것을 볼 수 있습니다.

이런 면에서 볼 때, 2020년 봄 코로나 쇼크로 신규주택 착공이 감소한 것은 부동산 시장에 큰 호재였다고 볼 수 있습니다. 2010~2015년 사이의 신규주택 착공 부진으로 신축주택이 희소했는데, 주택 착공이 여기서 더욱 줄어드니 약간의 호재에도 주택가격이 급등할 조건이 갖춰졌던 셈입니다. 앞으로 미국의 신규주택 착공이 얼마나 늘어날 것인지에 대해 관심을 기울이면 좋을 것 같습니다.

그런데 주택가격의 변화를 탑-다운 투자전략에 녹여 넣는 데에는 몇 가지 어려움이 따릅니다. 케이스-쉴러 주택가격지수가 2개월 늦게 발표되는데다가, 모기지 금리나 신규주택 착공 등의 수급 변수도 복합적인 영향을 미치는 점이 문제였습니다.

부동산 경기 판단에는 전미주택건설업협회NAHB 주택시장지수!

이러한 고민을 해결하는 데 전미주택건설업협회(NAHB)에서 발표하는 주택시장지수가 도움을 줍니다. NAHB 지수는 건설업에 참여하는 회원들에게 '설문조사'한 것을 지표화한 것입니다. 설문조사는 다음과 같은 세 가지 항목으로 구성되어 있습니다.

① 현재 주택 판매 동향
② 향후 6개월의 주택 판매 전망
③ 구매의사 고객 내방 건수

이 질문에 대해 '좋다, 나쁘다, 그저 그렇다'로 답한 회원의 답변들을 집계한 것이죠. 좀더 자세한 내용은 NAHB의 홈페이지를 방문하면 쉽게 파악할 수 있을 것입니다.[19] 엑셀로도 다운 받을 수 있으며, 매월 중순에 발표되기에 주택시장 동향을 신속하게 파악할 수 있는 게 장점입니다.

다음의 그림은 미국 주택가격 상승률과 NAHB 지수의 관계를 보여줍니다. NAHB 지수가 미국 주택시장의 동향을 놀라울 정도로 정확하게 보여주고 있음을 발견할 수 있습니다. 예를 들어 2006~2008년 미국 주택가격의 하락이 나타나기 전부터 NAHB 지수가 떨어지기 시작했습니다. 그리고 2009년의 바닥도 정확하게 예고하는 것에 주목할 필요가 있습니다.

미국의 주택가격 상승률과 전미주택건설업협회(NAHB) 주택시장지수의 관계

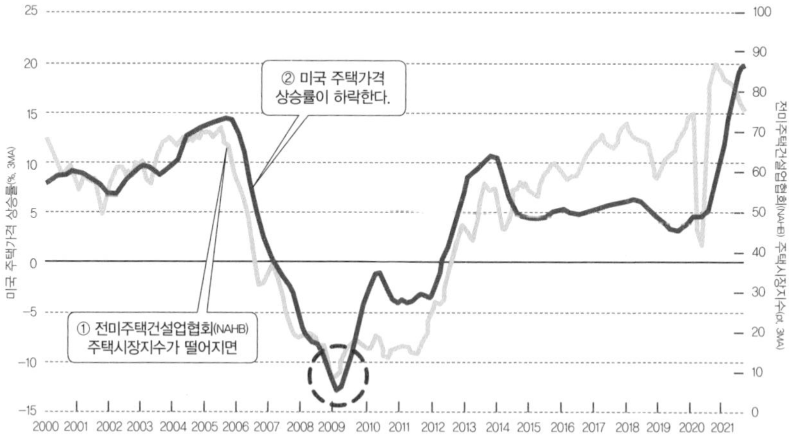

자료: 세인트루이스 연방은행, NAHB, 리치고 인베스트먼트 작성

---

19 NAHB 홈페이지(www.nahb.org)에 접속하면 좀더 자세한 정보를 볼 수 있다.

듀얼 스위칭 전략 1 테스트!

미국 소매판매 증가율이 탁월한 예측력을 가지지만 변동성이 크다는 점을 감안해, 전미주택건설업협회(NAHB) 지수를 보조지표로 활용한 '듀얼 스위칭 전략 1'을 제시하고자 합니다. 미국 소매판매 증가율과 NAHB 주택시장지수가 동시에 3개월 연속 증가할 때, 한국 주식을

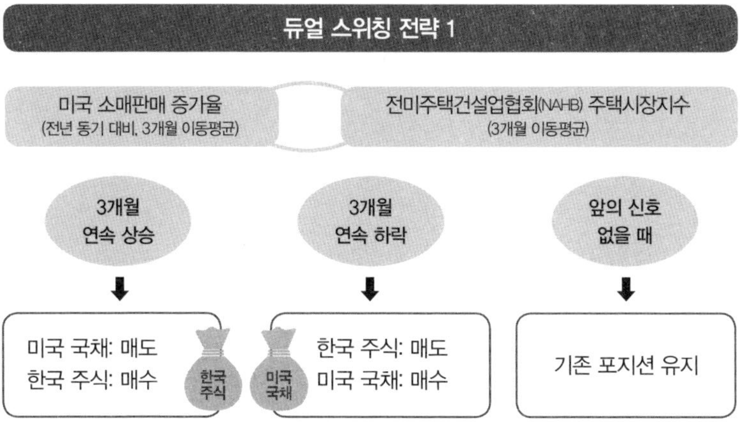

사는 전략입니다. 반대로, 미국 소매판매 증가율과 NAHB 주택시장지수가 동시에 3개월 연속 떨어질 때 미국 국채를 매수합니다. 이 전략의 실행방법은 97쪽에 요약되어 있으니 참고하기 바랍니다.

'듀얼 스위칭 전략 1'을 2000년부터 백테스트(Backtest, 특정 투자전략을 과거 데이터에 적용해 그 성과를 확인하는 것)를 한 결과는 다음의 그림과 같습니다.

'듀얼 스위칭 전략 1'을 적용했을 때, 2000년 이후 613%의 성과를 올린 반면, 한국 주식에 장기투자를 한 전략의 성과는 348%에 그칩니다. 그뿐만 아니라 이 스위칭 전략이 훨씬 안정적입니다. 한국 주식에 투자하면 20년 동안 수익률의 표준편차가 22%에 달하지만, '듀얼 스위칭 전략 1'의 표준편차는 16%에도 미치지 못합니다. 4장의 소매판매 스위칭 전략이 639%의 누적성과와 18%의 수익률 표준편차를

듀얼 스위칭 전략 1의 성과

자료: 세인트루이스 연방은행, FNguide, 리치고 인베트스트먼트 작성

기록했던 것에 비해, 변동성은 낮아진 대신 수익률은 미세하게 낮습니다.

'듀얼 스위칭 전략 1'의 최대 장점은 매매 횟수가 13번으로 줄어든 것으로, 31번이나 매매했던 소매판매 스위칭 전략에 비해 불편함이 크게 줄어들 것으로 판단됩니다. 따라서 하나의 지표만 활용하기를 원하는 투자자는 '소매판매 스위칭 전략'을 활용하고, 반대로 잦은 매매를 꺼리는 신중한 투자자는 '듀얼 스위칭 전략 1'을 선택하는 것이 좋을 것 같습니다.

그런데 여기서 마치기에는 아쉬움이 한 가지 남습니다. 그것은 미국 소비에 영향을 미치는 경제변수는 부동산 가격만이 아니라는 점입니다. 고용이 늘어나고 임금이 인상되는 등 가계의 소득 전망이 개선될 때에도 가계소비가 늘어나지 않겠습니까? 6장에서는 이 부분을 다뤄보도록 하겠습니다.

MONEY BOX

2021년 2월에 미국 리츠에 투자한 이유

지난 2021년 2월 3일, 제가 운영하는 유튜브 채널 〈홍춘욱의 경제강의노트〉에 미국 리츠 관련 동영상을 한 편 올렸습니다. 여기서 리츠(REITs)란 부동산 투자신탁 증권의 약자로, 건물이나 오피스텔 같은 다양한 부동산에 투자하는 펀드를 뜻합니다.[20] 동영상의 내용은 간단합니다. 2020년 3월 발생한 코로나 팬데믹으로 미국 부동산 시장도 큰 타격을 받았지만, 연방준비제도이사회(이하 '연준')의 저금리 정책이 시행되며, 부동산 시장의 회복 가능성이 높아지고 있어 미국 리츠에 투자했다는 것이었습니다.

당시 동영상에서 가장 힘주어 설명했던 것이 다음 쪽의 그림입니다. 한눈에 보더라도 부동산 담보대출(모기지) 금리가 낮아질 때마다 리츠의 가격이 상승하는 것을 발견할 수 있죠.

---

20 유튜브 〈홍춘욱의 경제강의노트〉의 '미국 리츠 투자할까, 말까?' 동영상에서 더 자세한 정보를 얻을 수 있다.

미국 모기지 금리와 리츠지수의 관계

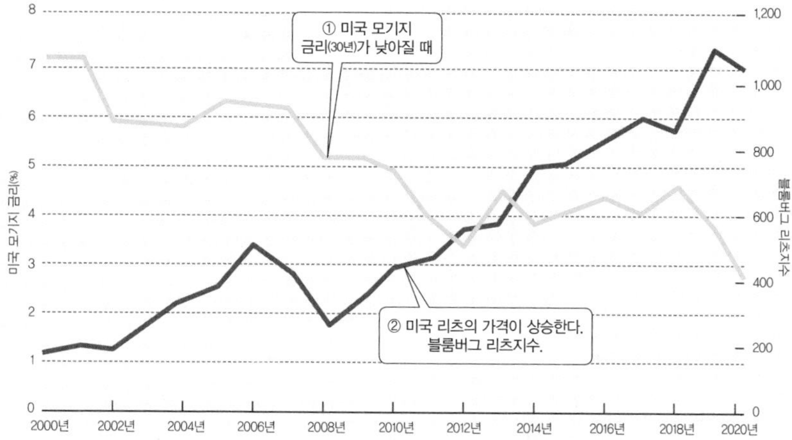

자료: 세인트루이스 연방은행, 블룸버그, 리치고 인베트스트먼트 작성

그러나 2020년 한 해 동안 미국 리츠는 부진한 성과를 거두었습니다. 테슬라나 엔비디아 등 첨단 기술주가 강세를 보이는 가운데, 리츠를 비롯한 이른바 '따분한 주식'은 투자자들의 관심으로부터 멀어졌던 것입니다. 따라서 저는 마음 편하게 미국 리츠에 투자하기로 결심했습니다.

미국 리츠에 투자하기로 결정했다면 두 가지 선택지가 있습니다. 하나는 한국에 상장된 타이거 미국MSCI리츠(합성H) ETF를 매수하는 것이고, 다른 하나는 직접 미국에 상장된 부동산 리츠 ETF를 매입하는 것입니다. 둘 다 좋은 상품이지만, 저는 미국의 리츠 ETF 중에서도 VNQ와 REM을 선택했습니다.

이렇게 선택한 이유는 두 가지 때문이었습니다.

첫 번째는 금융소득종합과세 때문으로, 2021년 말 기준으로 2천만원이 넘는 이자 및 배당소득이 있는 경우에는 종합소득으로 누진 과세됩니다. 이자와 배당소득은 지급될 때 15.4%의 세금을 내는데, 금융소득종합과세로 추가적인 세금을 내야 하는 것에 불만이 많았습니다.

반면 해외에 상장된 ETF는 기본공제 250만원을 적용한 후에 22% 단일세율로 양도소득세를 내는 대신, 분리과세가 되기에 금융소득종합과세 걱정을 하지 않아도 됩니다. 더 나아가 양도소득세에 대해서는 연간 손익통산, 즉 손실 본 것과 이익 본 거래를 합산해서 '순수익' 부분만 세금을 매기는 점에 끌렸습니다.

해외 리츠 ETF에 투자한 또 다른 이유는 상품의 다양성 때문입니다. 데이터센터부터 쇼핑몰, 그리고 물류센터까지 다양한 리츠에 투자하고 싶다면 뱅가드 리츠(VNQ)에 투자하면 됩니다. 반대로 주거용 부동산 가격 상승의 혜택을 집중적으로 누리고 싶다면 주거용 리츠(REM)에 투자하는 것을 고민할 수 있습니다. 물론 이밖에도 다양한 리츠 ETF가 있기에 면밀한 조사를 당부 드리고 싶습니다.

이 책을 쓰는 시점까지는 미국 리츠가 2021년 최고의 자산이 되었습니다만, 시장금리가 상승하고 또 신규주택 착공이 급격히 늘어나는 경우에는 어떻게 될지 모릅니다. 이 사례는 탑-다운 투자가 어떤 식으로 이뤄지는지를 보여주는 것일 뿐, 제가 보유한 ETF에 대한 추천이 아니라는 점을 덧붙입니다.

미국 뱅가드 리츠(VNQ)와 주거용 리츠(REM)의 성과

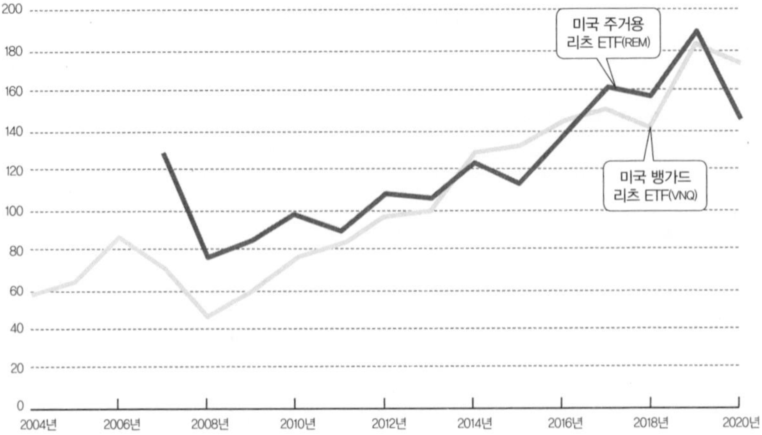

자료: 블룸버그, 리치고 인베트스트먼트 작성

6장

듀얼 스위칭 전략 2:
미국 소매판매와 제조업지수를 활용하라!

소비지출을 결정짓는 또 다른 요인, 소득 전망 변화

5장에서 부동산 시장에 집중해 설명했습니다만, 사실 소비는 부동산 가격보다 '소득 전망'에 더 민감하게 움직입니다. 맞벌이 부부에 미성년 자녀 2명으로 이뤄진 가계를 예로 들면, 경기가 갑자기 나빠지며 부부 두 사람 중 하나라도 해고되는 경우 이 가계의 소비는 급격히 줄어들 것입니다. 반대로 파트타임으로 일하던 부부 중 한 사람이 풀타임 일자리를 구할 수 있을 것이라고 예상될 때, 새 차를 구입해 여행을 떠날 확률이 올라갈 것입니다. 따라서 가계소비를 예측하기 위해서는 고용환경의 변화가 매우 중요합니다.

그러나 여러 경제지표 중에서 노동시장 관련 지표가 가장 혼란스럽습니다. 왜냐하면 자동차나 스마트폰 같은 재화가 아니라 '사람'을 대상으로 통계를 작성하기 때문입니다. 예를 들어 실업률이 갑자기 떨어졌다고, 이것이 미래 소득 전망의 개선으로 연결될지를 단언하기는 어렵습니다. 실업률은 현재 일자리를 적극적으로 찾고 있지만 실업 상태에 있는 사람들의 숫자를 경제활동인구로 나눠 계산하기 때문입니다. 그런데 경제활동인구는 어떤 고정된 숫자가 아니라 상황에 따라 급격히 변합니다. 15~64세 인구 중 구직의사를 가지고 있는 이를 경제활동인구라고 정의하지만, 구직의사를 정확하게 파악할 방법이 없습니다. 실업률의 감소가 실업자가 고용 상태로 전환되었기 때문인지, 아예 구직의사를 접으면서 비경제활동인구로 편입되었기 때문인지를 파악하기 힘들죠.

따라서 금융시장의 경제분석가들은 실질임금 상승률에 고용증가율을 합산한, 일종의 '소득변동' 지표를 활용합니다. 즉, 임금과 고용이 개선되면 소비도 좋아질 것이라는 아이디어죠.

다음 쪽의 그림은 미국의 개인 소비지출과 소득변동을 함께 보여주는데, 두 변수가 매우 밀접한 연관을 맺고 있음을 알 수 있습니다.[21] 그러나 아무리 보아도 소득변동 지수가 개인 소비지출 변화를 뒤따라다니는 것으로 보입니다. 가장 대표적인 시기가 2008년인데, 개인 소비지출은 2009년 4월부터 회복되었지만 소득변동 지수는 다음해 초에 바닥을 쳤습니다. 이 문제를 해결하기 위해, 저는 "근로자에게 임금을 지급하는 기업의 입장에서 보자"는 생각을 하게 되었습니다. 기업들은 어떨 때 임금을 올려주고 또 직원을 새로 채용할까요?

---

21 이 지표를 작성하는 데는 『경제를 읽는 기술』(조지프 엘리스, 이진원 옮김, 리더스북, 2007년)의 큰 도움을 받았다.

미국의 개인 소비지출과 소득변동의 관계

자료: 세인트루이스 연방은행, 리치고 인베스트먼트 작성

그 답은 기업 실적의 꾸준한 증가에 있는 것 같습니다. 제가 2019년 회사를 그만두고 프리랜서 생활을 할 때, 기업을 대상으로 한 교육시장이 생각보다 크다는 것을 금방 알 수 있었습니다. 저 같은 이들에게 연락해서 강의를 의뢰하고, 또 고객의 요구사항을 전달하는 업체도 굉장히 많았고, 기업들마다 경치 좋은 곳에 큰 연수원을 가지고 있었거든요. 그런데 2020년 코로나 팬데믹이 시작되자마자 강의가 뚝 끊기더군요. 물론 사회적 거리두기가 영향을 미쳤겠지만, 2021년에 강의 의뢰가 급격히 늘어난 것을 보면 그게 전부는 아니었죠. 가장 중요한 것은 기업의 실적이었습니다. 인재를 뽑아 훈련시키고, 새로운 업무를 담당할 직원을 대상으로 전환 교육을 시키는 것은 기업의 미래를 만드는 일로 볼 수 있지만, 항상 '실적'에 민감하게 영향을 받았던 것입니다.

따라서 노동시장의 여건을 전망하기 위해서는 기업의 실적에 주목해야 합니다. 다음의 그림은 기업실적과 가계 소득변동의 관계를 보여줍니다. 특히 1990년이 가장 인상적입니다. 당시 미국 부동산 시장은 저축대부조합 파산사태를 겪으며 매우 어려웠지만, 국내총생산(GDP) 대비 기업이익이 안정적인 흐름을 보이자, 소득변동 지표가 V자 모양으로 반등하는 것을 볼 수 있죠. 반대로 2000년이나 2008년처럼 기업실적이 수년에 걸쳐 지속적으로 악화되었다가 회복되는 시기에는 소득변동 지표도 꽤 오랜 기간 동안 하락하는 것을 볼 수 있습니다. 2020년 봄에 시작된 '코로나 불황'의 흐름은 1990년과 비슷했습니다. 기업의 이익률이 거의 악화되지 않은 가운데 소득변동 지표도 일시적으로 악화되었다가 바로 회복된 것을 볼 수 있죠. 만일 기업실적의 변화를 신속하게 파악했다면, 이후 미국 주식시장의 랠리에 동참할 수 있었을 것입니다.

미국의 기업이익률과 가계 소득변동의 관계

자료: 세인트루이스 연방은행, 리치고 인베스트먼트 작성

미국 기업실적 전망은 어떻게?
— 미국 공급관리자협회(ISM) 제조업 가격지수

그렇다면 미국 기업의 실적은 어떻게 전망할 수 있을까요? 미국의 GDP 대비 기업이익 통계가 참 좋지만, 분기 통계인데다 해당 분기가 지난 후 거의 2개월이 지나서야 발표된다는 점이 아쉽습니다. 연 수천만원의 이용료를 내는 블룸버그 단말기로 애널리스트의 이익전망 변화를 실시간으로 보는 것이 좋지만, 이 비용을 부담할 만한 투자자가 얼마나 되겠습니까? 따라서 미국 공급관리자협회(ISM: Institute for Supply Management) 제조업 가격지수가 유력한 대안이 되는 것 같습니다. 미국의 400대 제조업 구매 담당자들이 느끼는 체감물가를 지표로 만든 것으로, 매월 초에 발표되는 장점이 있습니다.

다음의 그림은 ISM 제조업 가격지수와 기업이익의 관계를 보여줍니다. 체감물가가 높아질 때마다 기업실적 전망이 개선되는 것을 발견할 수 있죠. 이런 현상이 나타나는 이유는 기업들의 매출액은 물량

미국 공급관리자협회(ISM) 제조업 가격지수와 상장기업 순이익 증가율의 관계

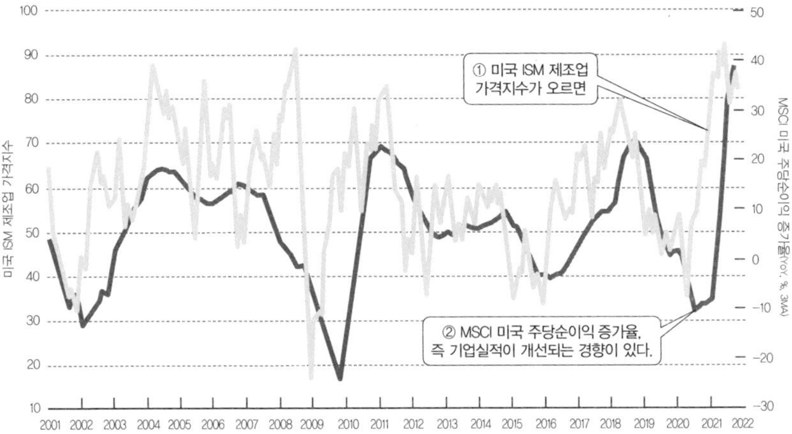

자료: ISM, 블룸버그, 리치고 인베스트먼트 작성

에 제품가격을 곱한 것이기 때문입니다. 제품가격이 인상되면 기업의 매출액이 늘어나고, 이는 다시 기업이익 개선으로 연결되는 것입니다.

물론 기업들이 체감하는 제품가격이 오른다고 해서 언제나 실적이 개선되지는 않습니다. 제품가격의 인상 속도보다 근로자의 임금이 더 빠르게 오르면 오히려 기업이익이 악화될 수도 있죠. 그러나 이런 가능성은 그렇게 높지 않습니다. 왜냐하면 '고용계약의 경직성' 문제 때문입니다. 쉽게 이야기해, 한 번 맺어진 고용계약은 1년 혹은 그 이상 지속되는 경향이 있다는 말입니다.

특히 2021년처럼 인플레가 높아지고 근로자들의 생산성마저 개선될 때에는 기업이익이 가파르게 개선됩니다. 이를 함축적으로 반영한 경제지표가 바로 '단위노동비용(Unit Labor Cost)'입니다. 단위노동비용은 생산성 대비 임금수준을 표시한 것인데, 단위노동비용이 불황을 전후해 항상 떨어지는 것을 발견할 수 있습니다. 경기가 좋지 않아 근로자들의 '임금 협상력'이 떨어지고, 더 나아가 해고의 위험을 피하기 위해 근무태도가 개선되기 때문이죠. 그리고 단위노동비용의 하락은 기업의 실적 개선으로 연결되기에, 경기가 급격히 나빠졌다 회복되는 시기에 실적이 크게 개선됩니다. 실적이 계속 호조세를 보일 때 기업들은 부족한 일손을 채우기 위해 사람을 뽑을 것이고, 이는 다시 가계의 소비 증가로 연결되는 선순환을 일으킵니다.

반대로 2006~2007년 같은 경기과열 국면에는 악순환이 발생합니다. 임금인상의 속도가 생산성 향상보다 더 빠르게 이뤄지며, 단위노동비용이 급격히 높아지고, 기업실적도 악화됩니다. 그리고 기업들은 수익성 악화에 대응해 추가 고용을 억제하고, 또 불필요하다고 생각되는 비용을 줄이기 위해 노력할 것입니다. 인건비의 상승을 이유로 제품가격을 인상한 기업들이 등장하며, 경제 전반에 인플레가 나타나는 것도 문제가 됩니다. 인플레가 시작되면 소비자들의 실질적인 구매력이 약화되고, 중앙은행의 금리인상을 유발할 수 있기 때문이죠. 그러므로 단위노동비용의 가파른 상승은 결국 불황을 유발하게 됩니다.

따라서 단위노동비용은 대단히 중요한 경제지표라고 할 수 있습니다. 그러나 이 지표 역시 기업실적과 마찬가지로 분기마다, 그것도 분기가 끝난 후 2개월이 지나서야 발표된다는 게 문제입니다. 결국 기업이익의 변화를 예측하는 데에는 ISM 제조업 가격지수만 한 것이 없다는 생각이 듭니다.

듀얼 스위칭 전략 2
테스트!

앞의 내용을 바탕으로 '듀얼 스위칭 전략 2'을 구상해 보았습니다. '듀얼 스위칭 전략 1'은 미국 소매판매와 전미주택건설업협회(NAHB) 주택시장 지수를 이용했다면, '듀얼 스위칭 전략 2'는 미국 소매판매와 공급관리자협회(ISM) 제조업 가격지수를 활용한다는 점에 차이가 있습

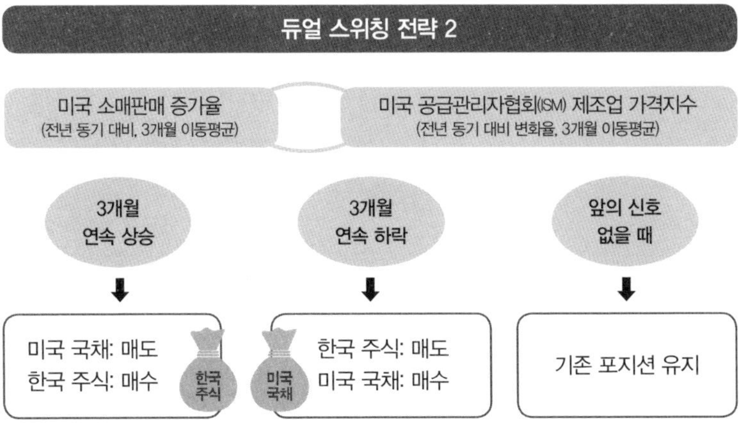

니다.

백테스트 결과를 요약하자면, '듀얼 스위칭 전략 2'는 2000년 이후 1,071%의 성과를 올렸고, 한국 주식의 누적 성과는 348%에 그쳤습니다.

그뿐만 아니라 변동성도 낮습니다. 한국 주식에 투자하면 20년 동안 연 수익률 변동성이 22%에 달했지만, '듀얼 스위칭 전략 2'는 18%에 불과합니다. 5장의 '듀얼 스위칭 전략 1'이 613%의 누적 성과와 16%의 수익률 표준편차를 기록했던 것에 비해서도 탁월합니다.

대신 매매횟수가 19번을 기록해 '듀얼 스위칭 전략 1'의 13번에 비해 늘어난데다가, ISM 제조업 가격지수의 시계열을 구하기 쉽지 않다는 게 문제입니다.

예전에는 세인트루이스 연방은행 데이터베이스에서 무료로 제공

듀얼 스위칭 전략 2의 성과

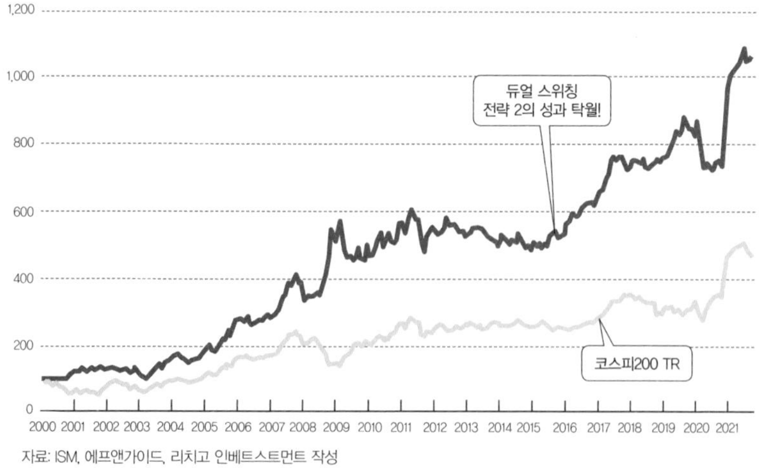

자료: ISM, 에프앤가이드, 리치고 인베트스트먼트 작성

했지만, 최근에는 홈페이지에 공개되는 제한적인 데이터만 이용할 수 있을 뿐입니다. 물론 에프앤가이드(FNGuide) 같은 데이터 서비스회사나 증권사 HTS 등을 통해서도 구할 길이 열리긴 했습니다만, 인터넷에서 쉽게 시계열을 다운받을 수 있었던 것에 비해 불편한 것은 사실입니다.

스위칭 전략 3가지의 성과 비교

기간: 2000~2021년

	누적 수익률	연 수익률 표준편차	매매 횟수	투자 난이도
소매판매 스위칭 전략	639%	17.8%	31회	하
듀얼 스위칭 전략 1	613%	16.0%	13회	중
듀얼 스위칭 전략 2	1,071%	18.1%	17회	상

자료: 리치고 인베트스트먼트 작성

[Stage2]에서는 다양한 투자 스타일 및 주식그룹을 대상으로 한 스위칭 전략을 다루는데, 이때에는 '소매판매 스위칭'과 '듀얼 스위칭 전략 2'를 주로 활용할 계획입니다. 소매판매 스위칭은 수익률이 높으면서도 활용하기 쉽고, 듀얼 스위칭 전략 2는 난이도가 있긴 하지만 탁월한 성과를 기록한다는 점을 감안했습니다. 물론 '한국 주식/미국 국채' 스위칭의 성과에 만족하는 분들은 [Stage2]에 소개된 전략을 참고삼아 보면 됩니다.

미국 공급관리자협회ISM 제조업 가격지수 확인하는 법

미국의 기업실적 전망에 대해 강력한 선행성을 보이는 미국 공급관리자협회(ISM) 제조업 가격지수의 흐름을 파악하기 위해서는 다음 그림처럼 구글에서 'ism manufacturing report'로 검색하면 됩니다.

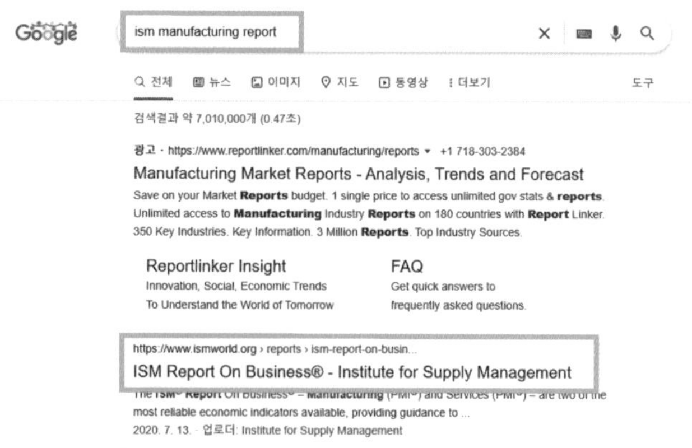

구글 검색 화면

미국 공급관리자협회(ISM)는 다양한 보고서를 제공하지만, 우리는 제조업 가격지수에 관심 있으니 'Manufacturing PMI'의 〈View Charts〉를 클릭합니다.

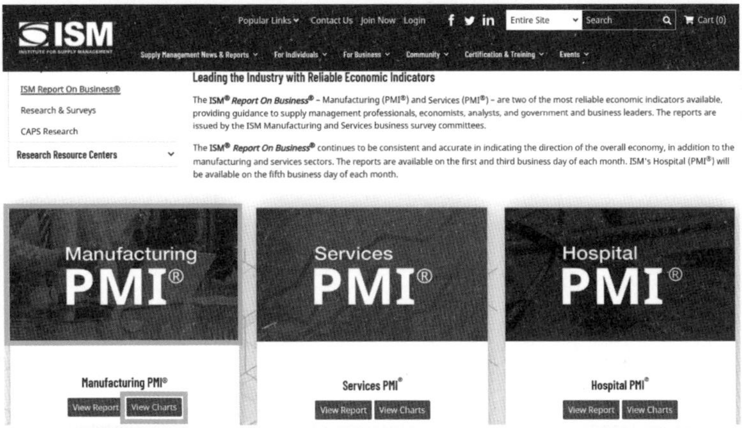

ISM 홈페이지 화면

이제 다음과 같은 보고서를 볼 수 있는데, 3쪽의 'Prices' 항목이 우리가 찾는 "미국 제조업체의 체감물가" 항목입니다. 82.4%라는 뜻은 설문에 참여한 대기업 구매담당자의 압도적인 다수가 가격을 인상 중이라는 이야기입니다. 불황이 오면 이 숫자가 급격히 떨어질 것이니 꼭 참고하면 좋을 것 같습니다.

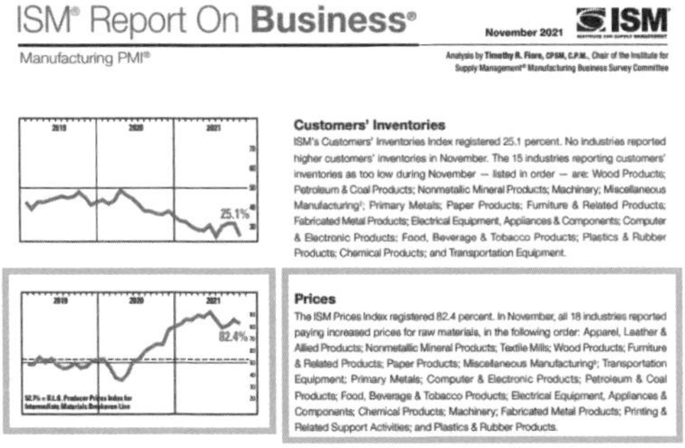

Manufacturing Report 화면

[Stage1]에서 다룬 '국내 주식/미국 국채' 스위칭 전략에서 한발 더 나아가 다양한 스타일 투자전략을 다룹니다. 한국의 수출주/내수주, 성장주/가치주, 대형주/중소형주, 그리고 미국, 중국, 일본 등 다른 나라 주식시장까지 포괄하니 투자에 큰 도움이 될 것입니다.

STAGE 2

경제지표를 활용한 스타일 투자전략

7장

한국 수출주와 내수주, 어디에 투자할까?

미국 소매판매가 살아날 때, 어떤 산업이 유망한가?

[Stage1]을 통해 경제지표를 활용한 '국내 주식/미국 국채' 스위칭 전략을 살펴보았습니다만, 탑-다운 투자는 여기에서 끝나는 게 아닙니다.

탑-다운 투자의 본령은 주식 내에 존재하는 다양한 주식그룹에 대한 투자에 있습니다. 여기서 주식그룹이라는 상대적으로 큰 분류를 거론하는 이유는 자동차나 은행처럼 특정 산업에 대해서 투자하는 법은 다루지 않을 계획이기 때문입니다. 오랜 기간 한 산업을 분석하고 글로벌 경쟁구조를 꿰뚫고 있는 바텀-업 투자자들을 상대로 탑-다운 투자자가 우위를 차지하기는 힘들지 않겠습니까?

따라서 7장에서는 자동차와 반도체 업종 지수를 평균한 수출주 지수에 주목합니다. 두 업종은 2001년부터의 업종지수가 존재하며, 투자할 만한 ETF도 있습니다. 특히 자동차와 반도체 업종에 속한 기업들은 수출 비중이 높고, 또 강력한 경쟁력을 가지고 있어 예상치 못한 파산의 위험도 낮다는 게 매력 포인트입니다.

다음의 그림은 미국 소매판매 증가율을 활용한 '한국 수출주/미국 국채' 스위칭 전략의 테스트 결과를 보여줍니다. 2001년부터 투자했다고 가정할 때, 이 전략은 2021년 9월까지의 누적성과가 1,555%에 이릅니다. 참고로 '한국 수출주/미국 국채' 스위칭 전략을 실행하지 않았더라도 한국 수출주의 누적 성과는 1,209%에 달합니다. 대신 연 수익률의 변동성은 '한국 수출주/미국 국채' 스위칭 전략은 17.9%인데, 한국 수출주를 매수 후 보유한 경우는 무려 33.5%에 이릅니다.

따라서 한국 수출주를 한 번 매입한 후 지속적으로 보유하는 전략보다는 '한국 수출주/미국 국채' 스위칭 전략이 위험을 감안한 수익면에서 압도적인 우위를 가진 것으로 볼 수 있습니다.

'한국 수출주/미국 국채' 스위칭 전략의 성과

자료: ISM, 에프앤가이드, 리치고 인베트스트먼트 작성

한국 수출주는 왜
변동성이 클까?

매력적인 투자전략을 하나 개발했다는 기쁨이 큽니다만, 한국 수출주를 활용한 스위칭 전략의 변동성이 너무 큰 것이 아쉽습니다. 수출주의 변동성이 큰 탓으로 빚어진 일인데, 다음의 그림에 나타난 것처럼, 수출주 지수가 한국 수출증가율보다 먼저 움직이는 것을 발견할 수 있습니다.

이런 현상이 나타나는 것은 무엇보다 한국의 수출주에 투자하는 이들이 수출을 비롯한 경기지표에 많은 관심을 기울이고 있기 때문일 것입니다. 물론 수출 등 대중에게 동일한 시간에 공개되는 정보 이외에, 수주내역 등 핵심 정보를 끊임없이 캐치하려는 이들이 존재하는 것도 이유가 될 것으로 생각합니다. 결국 주식시장에는 명백한 정보력의 격차가 존재하며, 이게 성과의 차이로 이어지는 것을 확인할 수 있습니다.[22]

한국의 수출증가율과 수출주 주가의 관계

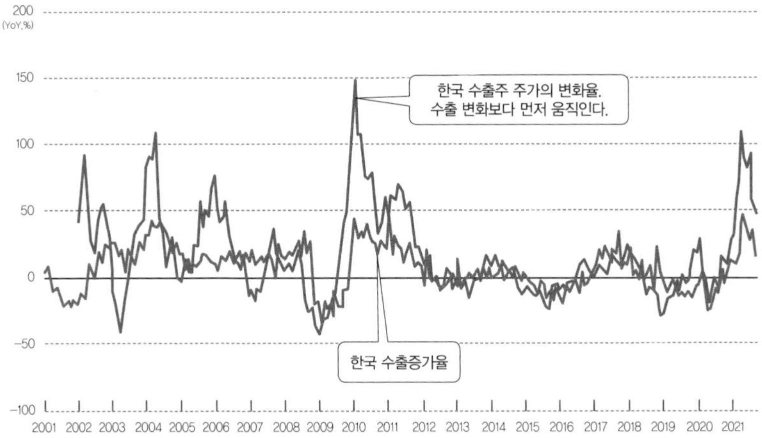

자료: 한국은행, 블룸버그, 리치고 인베스트먼트 작성

또한 이와 같은 정보력의 격차는 투자자들 사이에 상반된 반응을 이끌어내어 일종의 과잉 반응을 불러일으키기도 합니다. 가장 대표적인 예가 2017년 하반기의 '반도체 슈퍼 사이클'에 대한 기대입니다.[23] 그러나 반도체 경기는 2018년 미중 무역분쟁과 연준의 금리 인상 여파로 급격한 냉각 국면에 진입했고, 주가도 폭락하고 말았습니다.

이처럼 강력한 정보우위를 가진 이들을 상대로 경쟁해 성과를 내기 위해서는 탑-다운 투자전략을 더욱 정교하게 가다듬을 필요가 있을 것입니다. 이때 내놓을 수 있는 대안이 바로 '한국 수출주/내수주 스위칭 전략'입니다.

---

22 신정순·김태규·김인중(2013), "내부자의 거래 행태에 영향을 미치는 요인", *Journal of the Korean Data.*

23 ZDNet Korea(2017.10.22), "반도체 슈퍼 사이클, 언제까지 이어질까".

수출주와 내수주의 성과를 비교해보자

한국의 수출주/내수주 스위칭 전략을 시행하기 위해서는 먼저 내수주에 대해 정의할 필요가 있습니다. 2001년 이후의 데이터가 빠짐없이 존재하면서 시장에서 거래하기 좋은 업종 ETF를 갖춘 산업은 은행과 헬스케어 산업입니다. 따라서 내수주는 은행과 헬스케어 업종지수를 평균하여 사용합니다.

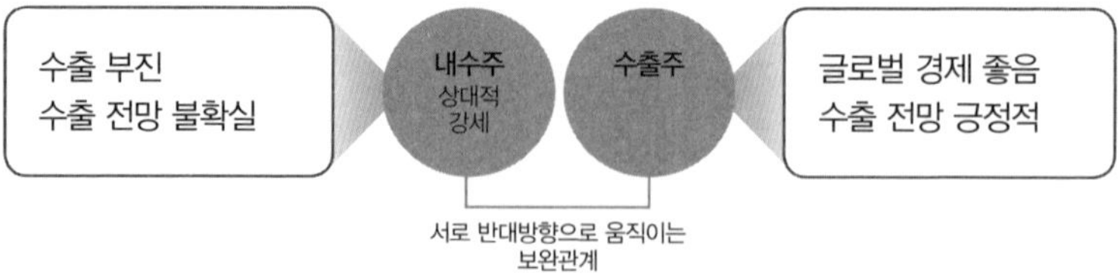

다음의 그림은 2001년 이후 한국의 수출주와 내수주의 장기성과를 보여줍니다. 둘의 성과는 비슷하지만 전성기가 서로 엇갈리는 것을 발

한국 수출주와 내수주 주가 추이

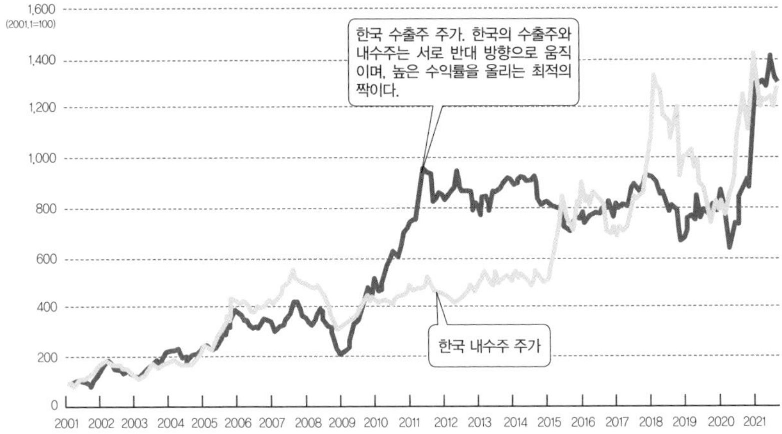

자료: 블룸버그, 리치고 인베스트먼트 작성

견할 수 있습니다.

2000년대가 내수주의 시대였다면, 2010년대 초반에는 수출주의 전성시대가 열렸죠. 특히 2008년 글로벌 금융위기, 그리고 2020년 코로나 쇼크처럼 수출 전망이 불확실한 시기에는 내수주가 상대적인 강세를 보인 것에 주목할 필요가 있습니다.

한국의 수출주와 내수주는 서로 다른 방향으로 움직이면서, 미국 국채보다 훨씬 높은 성과를 올린다는 점에서 최적의 짝이 아닌가 생각됩니다.

수출주/내수주
스위칭 전략의 성과, 환상적!

앞의 내용을 바탕으로 한국의 수출주/내수주 스위칭 전략을 다음과 같이 구상해 보았습니다.

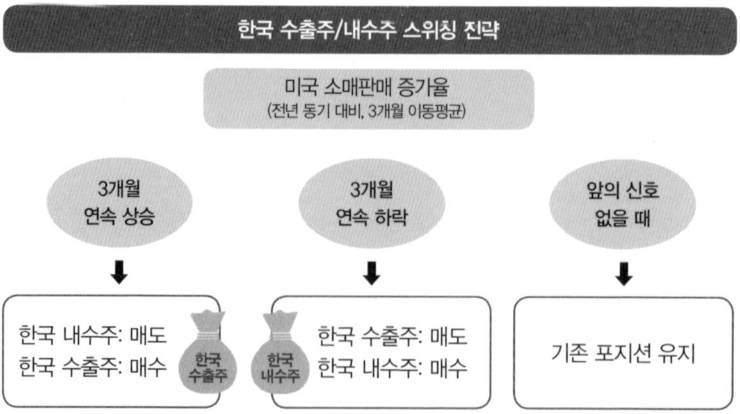

다음의 그림은 2001년부터 2021년까지 한국의 수출주, 그리고 한국 수출주/내수주 스위칭 전략의 성과를 비교해 보여줍니다.

2001년 이후 한국 수출주를 보유한 경우의 누적수익률은 1,209%인 반면, 한국 수출주/내수주 스위칭 전략의 누적수익률은 무려 5,089%에 이릅니다. 특히 수익률의 표준편차도 각각 33.5%와 36.3%로 큰 차이를 보이지 않습니다.

한국 수출주/내수주 스위칭 전략이 높은 수익을 기록하는 이유는 수출주와 내수주가 서로 보완 관계에 있어, 투자원금의 감소를 억제해 주기 때문입니다.

만약 어떤 이가 100만원을 투자했는데 1년 뒤 50만원이 되었다가 2년 뒤 다시 100만원이 되었다면, 그의 투자원금은 그대로입니다. 그러나 연도별 상승률이 각각 -50%와 +100%를 기록했기에, 그의 2년

한국의 수출주/내수주 스위칭 전략의 성과

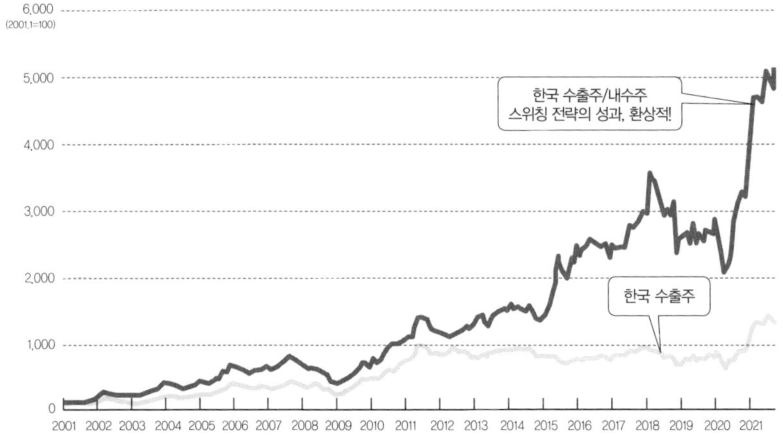

자료: 세인트루이스 연방은행, 에프앤가이드, 리치고 인베트스트먼트 작성

한국 수출주/내수주 스위칭 전략 비교

기간: 2001~2021년 9월

	누적 수익률	연 수익률 표준편차	매매 횟수	투자 난이도
한국 수출주 지수(반도체+자동차)	1,209%	33.5%	1회	하
한국 내수주 지수(은행+헬스케어)	1,194%	31.8%	1회	하
한국 수출주/미국 국채 스위칭 전략	1,555%	27.3%	31회	중
한국 수출주/내수주 스위칭 전략	5,089%	36.3%	31회	상

자료: 리치고 인베트스트먼트 작성

평균수익률은 25%로 높게 계산될 것입니다.

이런 현상이 나타난 이유는 원금에 한 번 손실이 발생하면 회복하는 데 2배의 수익이 필요하기 때문입니다. 따라서 좋은 투자전략은 절대적인 성과뿐만 아니라 손실을 억제하는 것이라고 할 수 있습니다.

수출주/내수주 스위칭은 어떤 ETF로?

한국에 상장된 다양한 업종 ETF를 조사한 결과, 수출주 지수는 코덱스 반도체(091160)와 코덱스 자동차(091180)를 사용했습니다. 코덱스 반도체는 2006년 6월 27일 상장되었지만, 이 ETF가 추종하는 'KRX 반도체지수'가 존재하여 2001년까지의 데이터를 추산할 수 있었습니다. 코덱스 자동차도 2006년 6월 27일 상장되었지만, 역시 KRX 자동차지수를 기초자산으로 사용하기에 2001년까지의 데이터 업데이트가 가능했습니다. 물론 실제 시장에서 거래된 가격이 아니기에 약간의 오차는 있을 수 있습니다.

자료: 네이버 증권

내수주 ETF는 코덱스 은행(091170)과 코덱스 헬스케어(266420)를 사용했습니다. 코덱스 은행 ETF는 2006년 6월 27일 상장되었기에, 기초자산인 KRX 은행지수를 이용해 2001년까지 데이터를 추산했습니다. 코덱스 헬스케어는 2017년 3월 28일 상장되었지만, 기초자산인 KRX 헬스케어지수를 활용해 2001년까지 확장했습니다. 물론 데이터를 추산한 기간이 길어질수록 오차가 생길 여지가 있기에 스위칭 전략의 성과가 과장 혹은 축소될 수 있습니다.

8장

한국 성장주/가치주, 대형주/소형주, 어디에 투자할까?

투자 스타일이란?

주식시장에는 다양한 주식그룹이 존재합니다. 수출주나 내수주처럼 수출 유무에 따라 분류하기도 하지만, 다른 한편으로는 기업의 밸류에이션을 기준으로 나누기도 합니다. 여기서 밸류에이션이란 주당순이익(EPS)이나 주당순자산가치(BPS) 같은 다양한 투자 판단지표를 활용해 기업의 내재가치 대비 주가 수준을 평가하는 일을 뜻합니다.

예를 들어 한국 주식시장의 주가순자산비율(PBR, =주가/BPS)의 중간값이 1.1배인데, 어떤 핀테크 기업 A사의 PBR이 3배라면 이를 성장주(Growth Stock)로 분류합니다. 반대로 반도체 산업의 중견기업 B사의 PBR이 0.3배라면 가치주(Value Stock)로 간주됩니다.[24] 수출기업이라고

---

24 시장의 PBR(주가순자산비율) 중간값을 기준으로 가치주/성장주를 분류하는 것은 MSCI의 기준이며, 에프앤가이드 등은 또 다른 기준을 사용한다.

모두 성장주가 아니며, 반대로 내수기업이라고 해서 가치주는 아니라는 것을 금방 알 수 있습니다.

이렇게 주식을 '업종(sector)'이 아니라 '특성(factor)'을 통해 분류하는 것을 '투자 스타일'이라고 합니다. 가장 대표적인 투자 스타일이 방금 거론한 가치와 성장입니다. 가치주 투자자들은 현재 영위하고 있는 사업이 따분한 대신 알짜자산을 보유한 기업, 즉 주가수익비율(PER)이 낮은 기업을 선호합니다. 성장주 투자자들은 시장의 평균 PER보다 비싸지만 미래가 창창한 기업에 투자합니다.

저는 참고로 잡식성입니다. 호황에는 가치주를 선호하고, 기업실적이 좋지 않은 불황에는 성장주를 선호합니다. 이런 성향을 가지는 이유는 간단합니다. 바로 희소성 때문입니다. 눈 덮인 겨울 벌판에서 사과를 주렁주렁 달고 있는 나무를 만나기는 무척 어려운 일입니다. 따라서 이 나무는 매우 희소하며 또 비싼 값을 치르고 구입하려는 사람들이 줄을 이을 것입니다.[25]

---

25 리차드 번스타인(2009), 『리차드 번스타인의 스타일 투자전략』, 홍춘욱 · 최호임 옮김, 원앤원북스, 57쪽.

성장주는 어떨 때 강세를 보이나?

성장주는 앞의 비유처럼, 이익 성장세를 지속하는 기업들을 찾기 힘들 때 강세를 보입니다. 가장 좋은 예가 2010년대 중반으로, 당시 우리 경제는 2012년부터 수출 탄력이 계속 둔화되는 가운데 대우조선해양이나 한진해운 같은 거대기업마저 파산 위험에 처하는 등 심각한 불황을 겪고 있었습니다.

반면 내수, 그 가운데에서도 중국 소비재와 헬스케어 산업의 분위기는 전혀 달랐습니다. 연간 800만 명 이상의 중국 관광객이 우리나라를 방문하는 가운데, 화장품과 여행 관련 산업이 유례를 찾기 힘든 호황을 누리고 있었습니다. 특히 한미약품 등 몇몇 헬스케어 기업이 세계적인 제약사에 대한 기술수출에 성공하면서 시장의 관심을 집중시켰죠. 당연히 주가가 급등했고, 대부분의 소비재·헬스케어 주식은 '성장주'로 분류되었습니다.

이때 저는 국민연금에서 운용역으로 일을 하고 있었습니다. 국민연금은 수백조원의 자산을 운용하는 거대기관으로, 배당이나 이자소득세를 면세받는 혜택을 누리는 중이었기에 배당을 안정적으로 지급하는 기업을 선호하는 편이었습니다.[26] 그러다 보니 2010년대 중반의 성장주 광풍에 곤욕을 치를 수밖에 없었습니다. 꼭 가치주에 투자하려고 노력한 게 아니라, 배당을 잘 지급하는 기업들이 대체로 안정적인 사업을 영위하는 특성을 지니고 있었기에 벌어진 일이었죠.

당시 증권업계에서 일하는 친구가 "국민연금은 삼성전자나 현대차 같은 기업에 투자하는 낡은 생각에서 벗어나지 못하는 한, 앞으로도 미래가 없다"고 지적했던 것이 기억에 오랫동안 남았습니다. 물론 이 친구를 비난하려는 게 아니라, 당시 주식시장의 지배적인 분위기를 설명하려는 것입니다. 흔히 '용대리'라고 불리는 젊은 운용역들이 회사를 그만두고 퇴직금과 그동안 모은 돈을 활용해 성장주 투자에 올-인하는 일이 화제가 되었죠.[27]

2020년 봄에도 이런 일이 반복됐습니다. BBIG라고 통칭되던, 배터리와 바이오, 인터넷, 게임 기업들이 독보적인 상승세를 보였죠. 왜냐하면 코로나 팬데믹으로 인해 경제가 침체된 상황에서도 이 기업들은 '언택트' 흐름 속에서 강력한 매출 성장을 기록했기 때문입니다.

---

26 물론 특정 투자 스타일에 편중되는 문제를 방지하기 위해 코스피200 같은 주가지수를 추종하는 인덱스 펀드에 상당부분 투자하며, 또 다양한 투자 스타일별로 위탁운용사를 이용한 간접투자도 활발하다.

27 연합뉴스(2016.5.12), "증권가 '용대리'보다 무서운 '용대표' 전성시대".

가치주는 어떨 때 강세를 보이나?

이상과 같은 성장주의 강세 국면은 언제 끝날까요? 여러 요인 가운데 인플레가 가장 큰 영향을 미치는 것으로 보입니다. 왜냐하면 경제 내에 강력한 수요가 발생해 제품가격이 인상될 때 '이익성장'이 흔해지기 때문입니다. 기업의 매출은 물량에 가격을 곱한 것이기에, 가격 인상은 곧 매출의 증가로 연결되죠. 따라서 대부분의 상장기업이 이익성장을 기록할 것이며, 이때 성장주는 기존처럼 높은 밸류에이션을 유지하기 어렵습니다.

더 나아가 인플레 압력이 높아지며 금리가 상승하는 것도 성장주의 어려움을 가중시킵니다. 기업의 내재가치가 '미래 발생할 현금흐름의 합계'라고 가정할 때, 올해 벌어들이는 주당순이익(EPS) 1천원의 가치와 내년에 벌어들일 것으로 기대되는 1천원의 가치를 동일하게 볼 수 없습니다. 예를 들어 이자율이 10%라면 올해의 1천원은 내년에

1,100원으로 불어날 것이기 때문입니다. 따라서 내년에 벌어들일 1천 원은 현재가치로 환산해 보면 909원(=1,000원/1.1)으로 평가받게 될 것입니다. 그리고 이자율이 10%가 아니라 20%가 되면, 내년에 벌어들일 1천 원의 현재가치는 833원(=1,000원/1.2)으로 떨어집니다.

결국 현재의 이익보다 미래에 벌어들일 이익이 훨씬 많을 것으로 기대되는 기업, 즉 성장주들은 금리가 상승할 때 어려움을 겪을 가능성이 높습니다.

2000년대 중반 은행·중공업 주식의 강세, 그리고 2010년을 전후한 차·화·정(자동차, 화학주, 정유) 장세 모두 경기가 좋고 금리가 인상되던 시기라는 특성을 가지고 있습니다. 그러나 가치주의 장세도 영원하지 않았음을 잊지 말아야 합니다. 금리가 계속 상승하다 보면 결국 미국의 소비자 수요가 둔화되며 수출이 꺾이는 시점이 올 수 있기 때문입니다. 따라서 한국 가치주와 성장주의 순환에서 선진국 소비자의 수요와 물가는 핵심적인 역할을 담당하는 것으로 판단됩니다.

성장주/가치주
스위칭 투자는 어떻게?

한국의 성장주와 가치주의 특성을 이용한 스위칭 전략은 아래와 같이 구상할 수 있습니다.

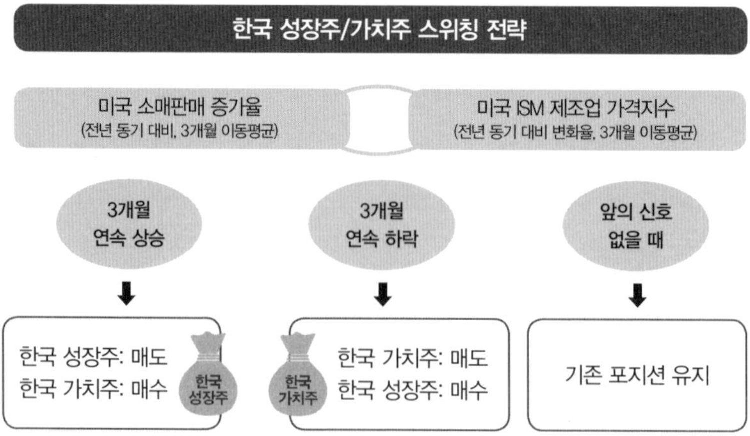

[Stage1]의 5장에서 사용했던 '듀얼 스위칭 전략 2'를 재활용한 것임을 금방 알 수 있습니다.

한국의 성장주/가치주 스위칭 전략을 2001년부터 백테스트한 결과는 다음의 그림과 같습니다. 한국의 성장주/가치주 스위칭 전략은 2000년 이후 629%의 성과를 올린 반면, 한국 성장주에 투자한 성과는 426%, 그리고 가치주에 투자한 성과는 479%에 불과합니다. 그뿐만 아니라 연 수익률의 표준편차도 각각 23.8%와 24.8%, 24.4%로 스위칭 전략이 안정적입니다.

한국의 성장주/가치주 스위칭 전략의 성과

자료: ISM, 세인트루이스 연방은행, 블룸버그, 리치고 인베트스트먼트 작성

한국 성장주/가치주 스위칭 전략을 보고 불만을 느끼는 독자들도 있을 것으로 생각합니다. 다른 경쟁기업보다 압도적인 성장세를 기록할 가능성이 높은 성장주를 발굴할 능력이 있는 분, 그리고 강력한 해자

한국 성장주/가치주 스위칭 전략 비교

	누적 수익률	연 수익률 표준편차	매매 횟수	투자 난이도
MSCI 코리아 성장주	426%	24.8%	1회	하
MSCI 코리아 가치주	479%	16.0%	1회	하
한국 성장주/가치주 스위칭 전략	629%	18.1%	17회	상

자료: 리치고 인베스트먼트 작성

를 보유한 저평가 기업을 찾아내고, 또 장기투자를 할 능력을 가진 분들에게 스위칭 전략은 불필요합니다. 경제지표를 활용한 성장주/가치주 스위칭 전략은 이런 능력을 갖지 못한 탑-다운 투자자를 위한 대안적인 투자수단이라고 볼 수 있겠죠.

대형주/소형주 스위칭 전략은 어떨까?

기업규모도 중요한 투자 스타일

성장주와 가치주뿐만 아니라 기업의 규모(size)를 기준으로도 주식그룹을 분류할 수 있습니다. 지금껏 분석의 대상으로 삼고 있는 코스피200이 대표적인 대형주 지수라고 할 수 있습니다. 시가총액 1조원을 넘는 대기업들은 한국 주식시장의 거의 90%를 차지하는 중요한 부분이지만, 대기업 이외에 중소형 주식도 엄연히 시장의 한 부분으로 투자대상이 됩니다.

특히 한국은 수출경기에 대단히 민감한 관계로, 주식시장 내에 수출 대기업의 비중이 대단히 높습니다. 이렇다 보니 수출경기가 나빠질 때마다 대형주 주가가 폭락하며, 심지어 삼성전자 같은 세계적인 대기업의 주가도 한 해에 30~50% 빠지는 일이 비일비재합니다. 반면 시가총액 기준 300위를 밑도는 소형주들은 수출 비중이 낮거나, 혹은 불황에 강한 새로운 성장산업 부문에 포함되는 경우가 잦습니다.[28] 그리고 이들은 수출전망이 어두워지는 시기에도 큰 타격을 받지 않거나, 신기술 개발 등의 호재가 나타날 때에는 시장을 주도하기도 합니다.

한국 대형주/소형주 스위칭 전략

앞에서 말한 대형주와 소형주의 특성을 활용해 한국 대형주/소형주 스위칭 전략을 설계하면 다음과 같습니다.

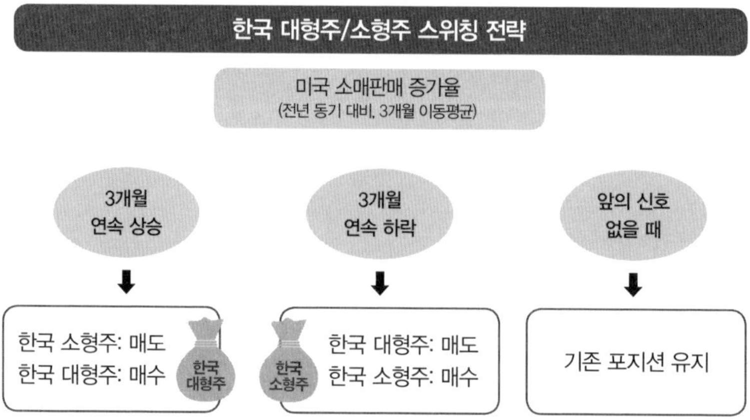

한국 대형주/소형주 스위칭 전략을 2000년부터 백테스트한 결과는 다음의 그림과 같습니다. 한국 대형주/소형주 스위칭 전략은 2000년 이후 누적수익률이 615%에 달한 반면, 대형주 투자의 성과는 232%, 그리고 소형주는 204%에 그칩니다. 연 수익률의 표준편차를 비교해보

---

28 한국경제(고윤상, 2021.8.18), "대형주→중형주 이동 종목에 주목하라".

면, 각각 23.2%와 22.8%, 그리고 30.3%를 기록해 한국 대형주/소형주 스위칭 전략이 위험 대비 탁월한 성과를 올린 것을 발견할 수 있습니다. 물론 이 전략이 2000년 이후 31회의 매매를 수행한다는 점에서 거래비용이 발생하는 것은 분명하지만, 이 정도의 수익률 격차라면 충분히 실행할 가치가 있다고 생각합니다.

한국 대형주/소형주 스위칭 전략의 성과

자료: 블룸버그, 리치고 인베트스트먼트 작성

한국 대형주/소형주 스위칭 전략의 성과 비교

기간: 2000~2021년

	누적 수익률	연 수익률 표준편차	매매 횟수	투자 난이도
한국 대형주	232%	22.8%	1회	하
한국 소형주	204%	30.3%	1회	하
한국 대형주/소형주 스위칭 전략	615%	23.2%	31회	중

자료: 리치고 인베트스트먼트 작성

성장주/가치주 스위칭은 어떤 ETF로?

성장주와 가치주는 자산운용사마다 정의가 다르기 때문에 투자하기에 마땅한 ETF를 찾기 힘듭니다. 그나마 대안이 되는 것은 코덱스 Fn성장(325010)과 타이거 우량가치(227570) ETF입니다. 코덱스 Fn성장 ETF는 2019년 5월 31일 상장되었으며, 데이터회사 에프앤가이드가 만든 성장지수를 추종합니다. 타이거 우량가치 ETF는 2015년 9월 23일에 상장되었으며, 에프앤가이드가 만든 퀄리티밸류 지수를 기초자산으로 합니다. 그러나 두 지수 모두 8장에서 사용했던 MSCI 가치주 및 성장주 지수와는 다른 기초자산으로 만들어진 것이라는 한계가 있기에, 본문 내용이 미래에도 그대로 재현될 것이라고 100% 확신하기는 어려운 면이 있습니다.

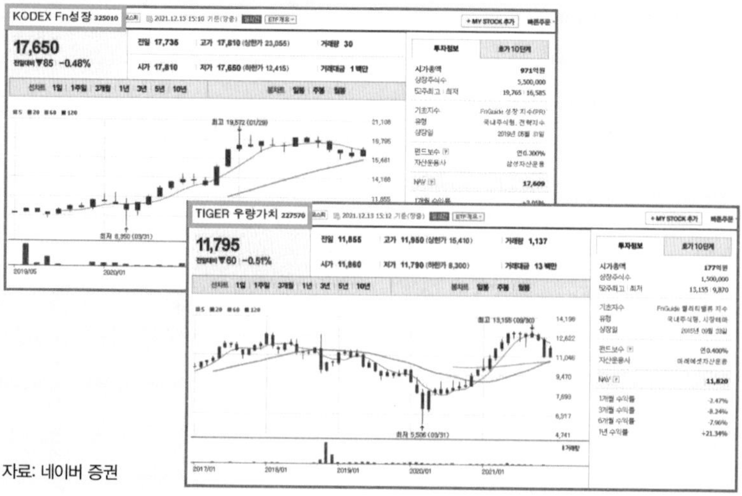

자료: 네이버 증권

MONEY BOX

대형주/소형주 스위칭은 어떤 ETF로?

한국 대형주를 ETF로 투자하는 것은 상대적으로 쉽습니다. 코세프(KOSEF) KRX100(100910)은 한국 대형주에 투자하는 ETF로 2008년 1월 23일 상장되었으며, KRX100 지수를 추종하기에 2000년 초반까지 데이터를 쉽게 업데이트할 수 있었습니다. 소형주 투자는 코덱스200 중소형(226980) ETF가 현실적으로 유일한 대안입니다. 200대 대형주 중에서 시가총액이 상대적으로 적은 기업에 투자하기에 중형주 투자라고 봐야 하지만, 현실적인 대안이 이 ETF밖에 없는 것 같습니다.

자료: 네이버 증권

9장

해외주식은 언제 투자하는 게 좋을까?

눈을 서쪽으로 돌려보자!

2020년 코로나 팬데믹 이후 해외 주식에 투자하는 이른바 '서학개미'들이 대거 등장했습니다. 테슬라 같은 미국 주식이 주된 투자대상이

한국 증시와 중국 증시 추이

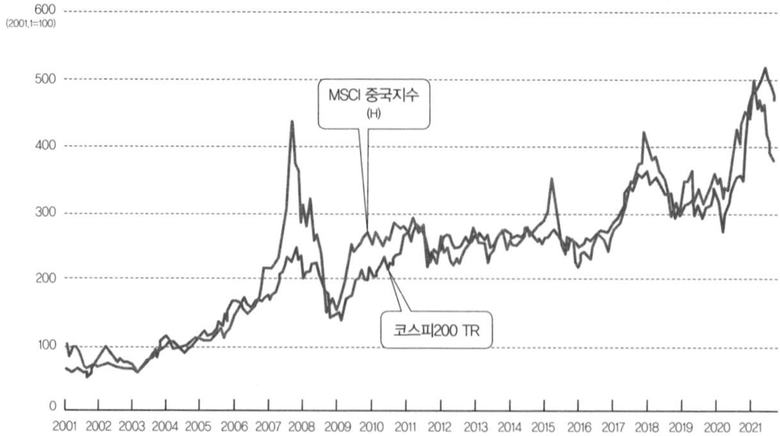

자료: 에프앤가이드, 리치고 인베트스트먼트 작성

었지만, 텐센트나 알리바바 등 중국 주식에 대한 관심도 뜨거운 것을 발견할 수 있었죠. 먼저 중국 주식 투자법을 살펴보려 합니다.

그런데 먼저 알아둘 것이 하나 있는데, 중국 주식시장이 한국 주식시장과 매우 비슷한 특성을 가지고 있다는 점입니다. 2007년의 뜨거운 붐과 폭락, 그리고 2020년의 급등이 오버랩되죠. 이런 현상이 나타나는 이유는 채찍효과 때문입니다. 내수시장이 상대적으로 협소한 가운데 수출에 대한 의존도가 높은 점, 그리고 주주 중시 경영문화가 선진국에 비해 뿌리를 내리지 못한 것 등이 영향을 미쳤습니다.

중국 증시, 주가가 오르면 공급 쏟아져

채찍효과 이야기는 책 후반의 부록3[A.3]에서 다루고, 중국 증시의 주식 공급물량에 초점을 맞춰 보겠습니다.

다음 쪽의 그림은 중국 상해증시의 시가총액 대비 주식 공급의 규모를 보여줍니다. 2008년과 2015년, 그리고 2020년에 주식 공급물량이 집중되는 것을 발견할 수 있습니다. 1장에서 한국 증시에 대해 설명했던 것과 너무나 유사하죠?

여기서 주식 공급이란 신규상장공모(IPO)와 유상증자(SEO), 그리고 전환사채(CB) 등을 모두 합한 것입니다. 이렇게 주식을 대규모로 발행하면 주식시장에 두 가지 문제를 일으키게 됩니다.

첫 번째는 수급 불균형이 생깁니다. 투자자들의 매수세가 아무리 강하더라도 주식 공급물량이 이를 압도할 수 있기 때문입니다. 두 번째는 대주주의 지분율이 희석되는데, 주식 공급과정에서 실권한 대주주들의 지분율이 낮아지는 과정에서 배당에 대한 열의가 떨어지게 됩니다. 1장에서 한국 증시의 구조를 설명하면서 이 부분을 설명한 바 있으니, 다음 주제로 넘어가겠습니다.

중국 상해 증시의 시가총액 대비 주식 공급 규모

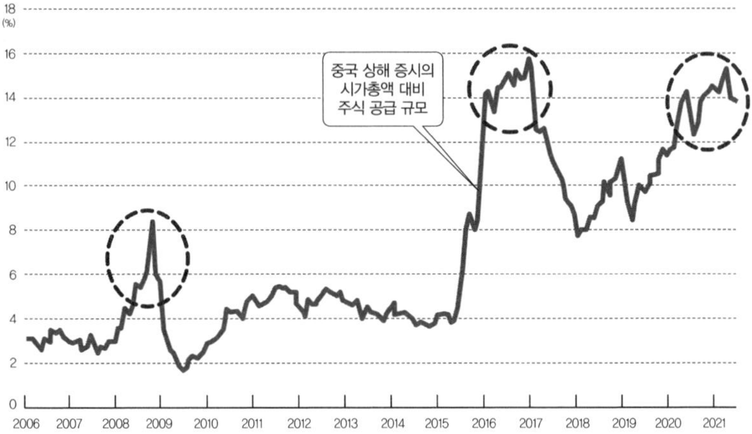

자료: CEIC, 리치고 인베스트먼트 작성

한국에 잘 맞은 전략은 중국에도 적용할 수 있지 않을까?

현재와 같은 중국 경제 및 증시 구조가 달라지지 않는 한, 결국 중국 증시도 우리나라처럼 미국 경기지표의 변동에 일희일비하는 모습을 보일 것으로 짐작됩니다.

다음의 그림은 미국 소매판매 증가율과 중국 주가 변화율의 관계를 보여줍니다. 둘이 밀접한 연관을 맺고 있음을 발견할 수 있습니다.

물론 2020년 하반기 이후 중국 증시가 정책기조의 변경 이슈로 큰 타격을 받은 것은 사실입니다. 알리바바나 디디추싱 등의 빅테크 기업들이 미국에서 홍콩으로 거래소를 옮기거나 심지어 앱이 삭제되는 등의 조치를 받았고, 미국 정부는 미 감독당국에 의해 3년 연속 검사를 받지 못하는 기업(=중국 기업)의 주식을 거래하지 못하는 법을 통과시킨 바 있습니다.[29] 따라서 중국의 개별 종목 투자는 언제 어느 때 벌어질지 모르는 무한규제의 충격을 받을 수 있는 상황이죠. 중국 증

미국 소매판매 증가율과 중국 주가 변화율의 관계

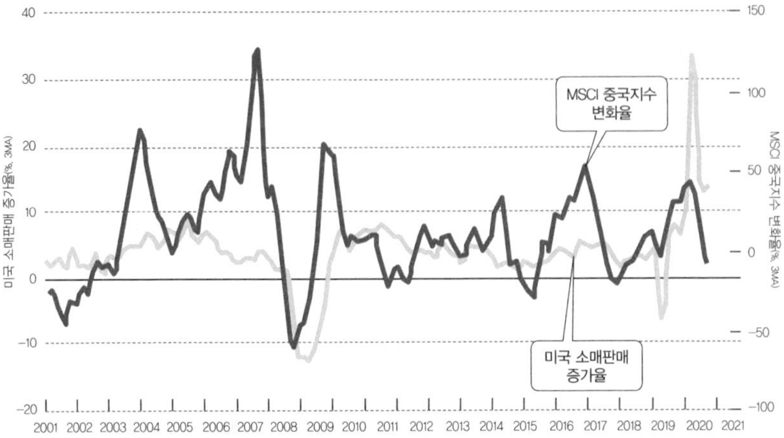

자료: 에프앤가이드, 세인트루이스 연방은행, 리치고 인베트스트먼트 작성

시 시가총액 1위 기업인 마오타이(Kweichow Moutai Co Ltd, 600519)만 하더라도 반부패 정책이 발표될 때마다 폭락한 바 있습니다.[30]

이 문제를 완화할 수 있는 방법이 바로 '시장 전체'를 사들이는 것입니다. 한두 종목에 집중하는 것보다, 변동성이 크지만 거래하기 편한 주식으로 중국 증시를 간주하고 매매하는 것입니다. 이제 5장에서 개발한 '듀얼 스위칭 2 전략'을 중국 주식시장에 적용해 보겠습니다.

---

29 글로벌이코노믹(조민성, 2021.10.3), "중국 기업, 미 증시 상장폐지 카운트다운 시작…200개 종목에 2조 달러 이상 영향".

30 SBS(김지성, 2021.1.26), "집 세 채 빌려 뇌물 숨긴 중국 공무원… '마오타이'만 2,900병".

'중국 주식/미국 국채' 스위칭 전략은 어떨까?

'중국 주식/미국 국채'를 활용한 '듀얼 스위칭 2 전략'은 다음과 같이 구성됩니다.

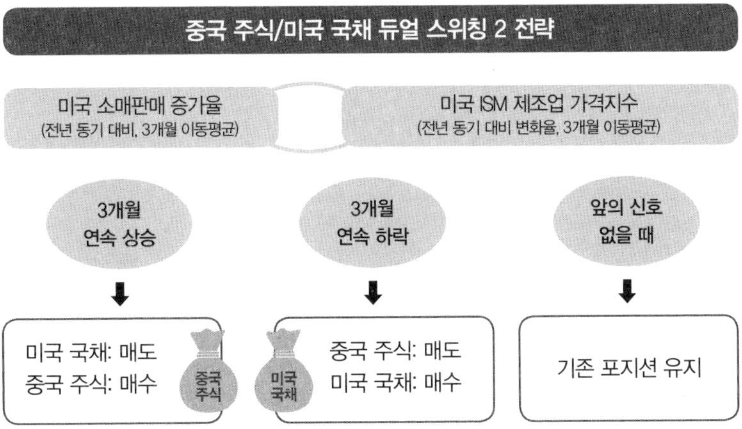

'중국 주식/미국 국채' 스위칭 전략을 2001년부터 백테스트를 한 결과는 다음의 그림과 같습니다.

중국 주식과 미국 국채를 교체매매 하는 이 전략은 2001년 이후 1,059%의 성과를 올린 반면, 중국 주식을 지속적으로 보유한 성과는 276%에 불과합니다.

수익률의 표준편차는 '중국 주식/미국 국채' 스위칭 전략이 25.8%인 반면, 중국 주식은 32.1%에 이릅니다. 참고로 한국 주식의 변동성이 23.4%라는 점을 감안할 때, 중국 주식 올-인 투자가 얼마나 위험한지 알 수 있습니다.

'중국 주식/미국 국채' 스위칭 전략의 성과

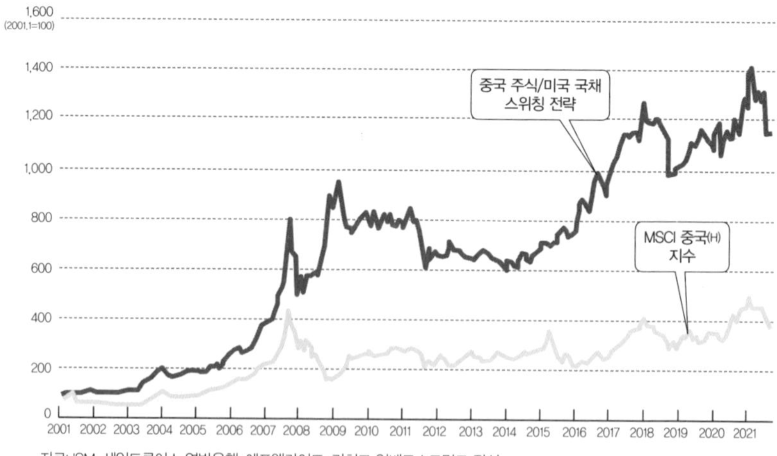

자료: ISM, 세인트루이스 연방은행, 에프앤가이드, 리치고 인베트스트먼트 작성

이상의 내용은 다음의 표에 정리되어 있으니 참고하세요. '중국 주식/미국 국채' 스위칭 전략이 중국 주식 매수 후 보유 전략에 비해 투자 편의가 떨어지는 것은 사실이나, 스위칭 거래의 횟수가 17회에 불과하다는 점은 매력적인 부분이 아닌가 싶습니다.

'중국 주식/미국 국채' 스위칭 전략의 성과 비교

기간: 2001~2021년

	누적 수익률	연 수익률 표준편차	매매 횟수	투자 난이도
코스피200 TR	622%	23.4%	1회	하
MSCI 중국(H)	276%	32.1%	1회	하
중국 주식/미국 국채 스위칭 전략	1,059%	25.8%	17회	상

자료: 리치고 인베트스트먼트 작성

미국 나스닥 주식으로 스위칭 전략을 실행하면?

이번에는 채찍의 손잡이에 해당되는 미국 증시, 그 가운데에서도 애플, 마이크로소프트, 알파벳A(구글 등의 지주회사), 아마존, 테슬라 등 성장주들이 집결되어 있는 나스닥100을 대상으로 스위칭 전략을 다음과 같이 시행해 보았습니다.

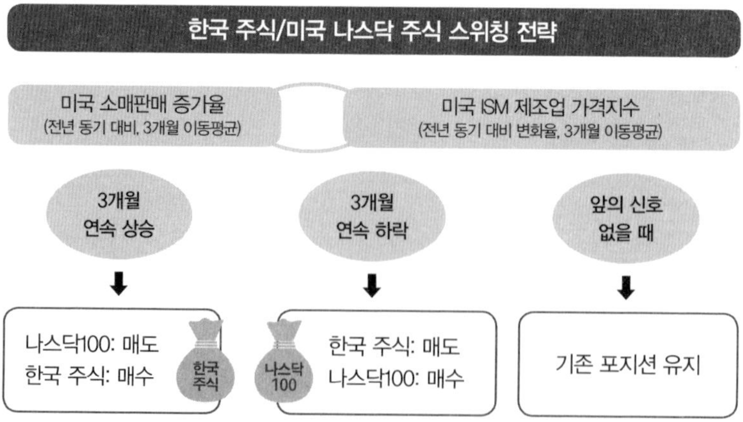

앞에서 소개한 '한국 주식/미국 국채' 스위칭 전략과 다르죠? 경기여건이 나빠질 때 미국 국채가 아닌 나스닥100 지수를 매집한 이유는 '성장주'로서의 특성 때문입니다.

8장에서 살펴본 바와 같이, 성장주는 PER(주가수익비율)이 높은 대신 불황에도 성장할 잠재력을 보유한 기업들입니다. 따라서 물가가 떨어지고 선진국 소비자들의 심리가 위축될 때에도 강세를 보일 것으로 예상하여 전략을 구상해 보았습니다.

2001년 이후 한국 주식과 나스닥100을 스위칭한 전략의 성과는 다음의 그림과 같습니다. 2001년 이후 이 전략은 524%의 성과를 올려, 나스닥100 지수를 매수 후 보유한 성과인 504%와 큰 차이가 없습니다.

수익률의 표준편차는 '한국 주식/나스닥100' 스위칭 전략이

'한국 주식/나스닥100' 스위칭 전략의 성과

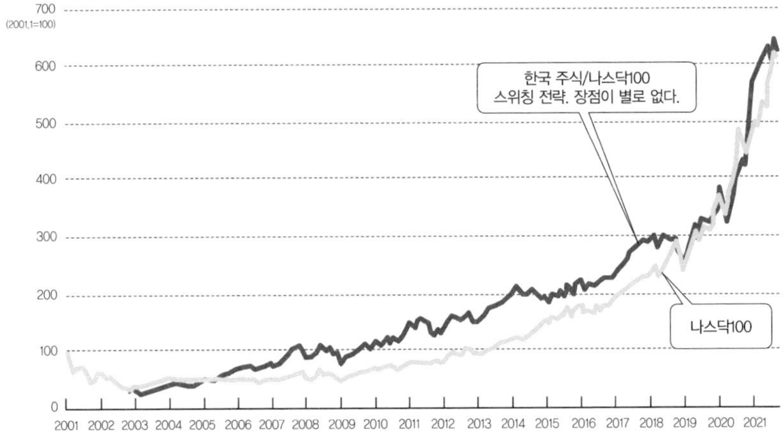

자료: ISM, 세인트루이스 연방은행, 에프앤가이드, 리치고 인베스트먼트 작성

23.6%인 반면 나스닥100 지수는 22.3%으로 스위칭 전략이 조금 더 위험한 것으로 나타납니다. 매매를 17번이나 해야 하는 것을 감안할 때, 나스닥100 지수를 매수 후 보유한 게 더 나은 성과를 거두었다고 볼 수도 있겠네요.

이런 현상이 나타난 이유는 나스닥 시장이 좋을 때 한국 증시도 좋은 경우가 많기 때문이겠죠. 특히 최근 반도체와 인터넷, 게임 등 한국 증시의 성장주 비중이 높아진 것도 영향을 미치지 않았나 생각합니다. 아무튼 탑-다운 전략이 만능은 아니라는 것을 보여주는 좋은 사례가 아닌가 싶어서 실어보았습니다.

일본 주식으로 스위칭 전략을 실행하면?

중국과 미국에 이어, 마지막으로 일본 주식시장을 대상으로 스위칭 전략을 실행해보겠습니다. 일본 경제가 1990년부터 기나긴 부진에 빠져 있는 것은 분명한 사실이지만, 2012년 말 아베노믹스 시행 이후에는 조금씩 부활의 기미가 보이는 만큼 이에 대해 관심을 가지는 독자들이 있을 것으로 예상되기 때문입니다.

일본을 대표하는 주식으로 구성된 토픽스100 지수와 미국 국채를 대상으로 다음 쪽의 그림과 같이 스위칭 전략을 실행해 보았습니다.

'중국 주식/미국 국채' 스위칭 전략과 비슷하죠? 일본도 선진국 경기가 좋아지고 수출이 잘될 때 주식시장이 강세를 보이는 특성을 가지고 있으니 이를 활용한 전략입니다.

특히 일본은 2012년 말부터 시작된 대대적인 통화공급 확대 정책

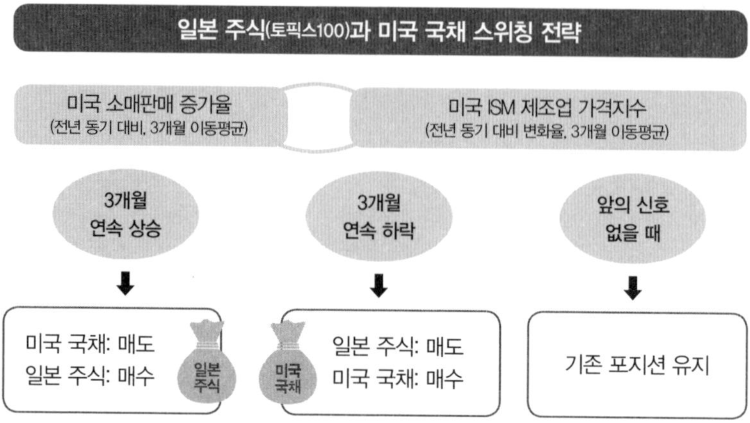

으로 엔화의 가치가 이전보다 떨어진 만큼, 수출 경기에 대한 의존도가 더 높아졌을 것으로 짐작되어 만든 전략입니다.

이 전략을 2001년부터 백테스트를 한 결과는 다음의 그림과 같습니다. 2001년 이후 201%의 성과를 올려, 토픽스100 지수를 매수 후

'일본 주식/미국 국채' 스위칭 전략의 성과

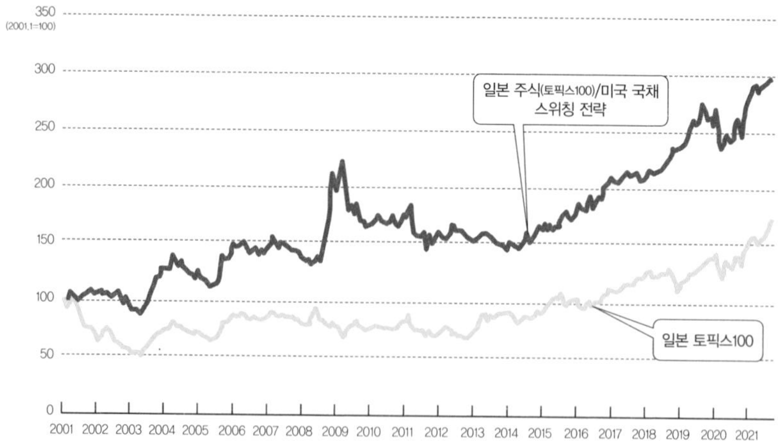

자료: ISM, 세인트루이스 연방은행, 에프앤가이드, 리치고 인베트스트먼트 작성

보유한 성과인 76%를 크게 웃돌았습니다.

연 수익률의 표준편차는 이 전략이 14.7%인 반면 토픽스100 지수는 16.0%으로 나와, 스위칭 전략이 덜 위험한 것으로 나타납니다. 매매를 17번이나 해야 하는 것을 감안하더라도 충분히 시도해 볼 만한 전략이 아닌가 생각됩니다.

이것으로 [Stage2]를 마치고, [Stage3]에서는 다양한 자산배분 전략에 초점을 맞춰 분석해 보겠습니다. 경제지표를 이용한 탑-다운 전략이 아무리 매력적이라고 하더라도, 상대적으로 높은 변동성과 잦은 매매라는 불편함을 가지고 있기에 다른 대안을 원하는 독자들이 많을 것으로 생각되기 때문입니다.

MONEY BOX

'중국 주식/미국 국채' 스위칭은 어떤 ETF로?

중국 주식에 투자하는 ETF 중 순자산가치(NAV)와 주가의 괴리율이 낮은 KB스타 중국MSCI China(H)로 결정했습니다. 주식 코드는 [310080]이며, 환율 변동을 헷지한다는 표시 'H'가 붙어 있는 것이 아쉽습니다만, 위안/원 환율 변동성이 최근 크게 줄어 큰 문제는 없는 것 같습니다.

자료: 네이버 증권

나스닥100, 토픽스100은 어떤 ETF로?

미국 주식에 투자하는 상품은 여러 가지가 있는데, 타이거 미국 나스닥100(133690)을 고른 이유는 2010년 10월 18일 상장되어 운용기간이 긴데다, 펀드 보수도 0.07%로 매우 저렴하기 때문입니다. 물론 순자산가치(NAV)와 ETF 가격의 괴리도 그렇게 큰 편이 아니라는 점도 고려했습니다.

일본 주식에 투자하는 ETF는 선택지가 없어서 코덱스 일본TOPIX100(101280)을 선택했습니다. 2008년 2월 20일 상장되었지만, 거래량이 하루 2천만원에도 미치지 못하는 게 걱정스럽기는 합니다.

자료: 네이버 증권

거시경제지표의 변화에 흔들리지 않는 자산배분 전략을 다룹니다. '한국 주식/미국 국채'에 분산투자를 하는 간단한 전략부터 위험 선호도에 따른 차별화된 자산배분 전략까지 다루니 큰 도움이 될 것입니다.

STAGE 3

다양한 자산배분 전략

10장

스위칭 전략은 만능인가?

OECD 경기선행지수만 보면 되지 않나?

2012년 발간된 책 『돈 좀 굴려봅시다』에서 경제협력개발기구(OECD)에서 매달 발표하는 경기선행지수(CLI, Composite Leading Indicator)를 이용한 매매전략을 소개한 바 있습니다. 이번 책에서 사용되는 스위칭 전략 그대로입니다. 그 뒤로 종종 "OECD 경기선행지수가 하락했는데, 이거 어떻게 해야 합니까?" 같은 질문을 받았죠.

일단 제가 당시에 이 전략을 추천했던 이유부터 간단하게 살펴보겠습니다. 다음의 그림은 한국 주식시장과 OECD 경기선행지수의 관계를 보여줍니다. 둘은 매우 밀접한 연관을 가지고 있으니, OECD 경기선행지수의 전월 대비 하락이 출현하면 한국 주식 매수를 중단하며, 하락이 2개월 혹은 3개월 연속으로 이어지면 한국 주식을 매도해서 미국 국채에 투자하는 식의 전략이 효과적으로 보입니다.

한국 주식시장과 OECD 경기선행지수의 관계

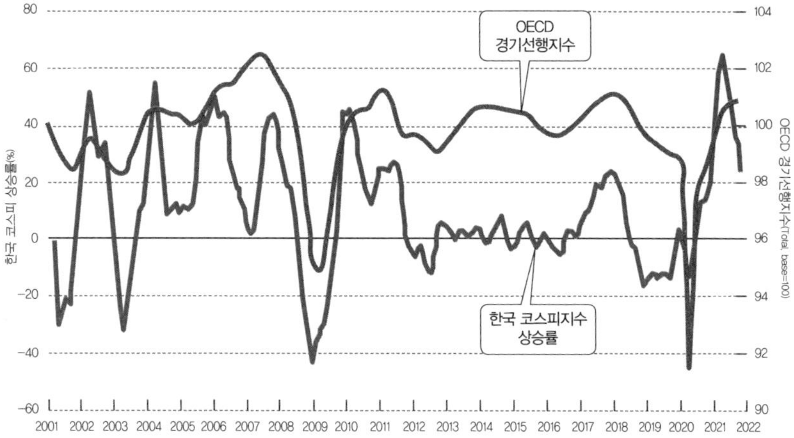

자료: OECD, 한국은행, 리치고 인베트스트먼트 작성

이 전략을 활용해 2000년 이후 '한국 주식/미국 국채' 스위칭 전략을 백테스트를 하면 누적수익률이 1,500%를 넘어서니 말입니다. 2008년이나 2018년 같은 급락장도 잘 방어해주니, OECD 경기선행지수만 보면서 매매하면 될 것 같습니다.

이토록 좋은 전략을 왜 [Stage1]에서 소개하지 않았는지에 대해 말씀드릴까 합니다.

2008년 OECD 경기선행지수는 정말 '불황'을 예측했나?

『돈 좀 굴려봅시다』 발간 이후 10년 동안, OECD 경기선행지수의 두 가지 문제점이 크게 다가왔습니다.

첫 번째는 발표주기에 대한 것입니다. 2021년 12월 OECD 홈페이지를 방문해 경기선행지수(CLI)를 찾아보니 2021년 10월 통계가 발표된 것을 발견할 수 있었습니다. 약 2개월 정도 시차가 있는 셈입니다. 이는 미국의 소매판매나 공급관리자협회(ISM) 제조업 가격지수처럼 매월 초나 중순에 그 앞 달의 데이터가 공개되는 지표에 비해 아쉬움이 남는 부분입니다. 경제에 충격이 발생한 다음 2개월이 지나서야 대응이 가능하다는 이야기이니 말입니다. 참고로 제가 지금껏 소개한 매매전략은 지표 발표의 시차를 감안해, 한 달 뒤에 매매하는 것으로 가정해서 성과를 측정했습니다.

두 번째 문제는 OECD 경기선행지수가 빈번하게 조정된다는 것입니다. 쉽게 이야기해, 2008년 글로벌 금융위기 당시 발표되었던 통계와 지금 우리가 관찰하는 통계가 다르다는 이야기입니다. 다음의 그림에 이것이 잘 나타나 있죠.

별색 선은 최근에 다운 받은 시계열이며, 회색선은 지난 13년 동안의 언론보도를 통해 취합한 통계입니다. 제가 취합한 발표치와 사후 추정치 사이에 커다란 차이가 존재하죠? 특히 2008년이나 2020년 봄처럼 급박한 경기위축이 발생할 때에는 이를 신속하게 인식하지 못하는 것을 발견할 수 있습니다.

실제 발표된 OECD 경기선행지수와 이후 조정된 지수

자료: OECD, 리치고 인베트스트먼트 작성

OECD 경기선행지수는 왜 사후에 조정되나?

불황이 막 시작될 때의 실제 발표치와 이후의 데이터가 달라지는 것은 데이터의 조정(Revision) 때문입니다. 실시간으로 발표된 데이터를 몇

달 혹은 몇 년이 지난 후에 변경하는 것을 뜻합니다. 사실 OECD만 이런 일을 하는 것이 아니라, 한국 통계청의 경기선행지수도 마찬가지 과정을 거칩니다.[31] 참고로 한국 통계청의 경기선행지수는 이번이 10번째 변경이었습니다.

이 대목에서 경기선행지수의 '조정(Revision)'에 대한 OECD의 답변을 번역해 보겠습니다.[32]

> 데이터 조정은 경기선행지수(CLI)의 본성에 기인한 것입니다. 경제지표 내에는 계절적 변화 및 추세적 요인 등이 복합적으로 영향을 미치기에, 경기변동을 포착하기 위해 다양한 데이터 필터가 필요합니다.
>
> 여기서 데이터 필터의 대표주자는 HP필터(Hodrick-Prescott Filter)인데, 간단하게 이야기해 과거의 역사적 데이터를 이용해 일시적인 변동을 걸러내는 역할을 합니다.[33]
>
> 특히 경제 내의 추세를 걸러내고, 또 일시적인 충격을 제거하는 작업(Smoothing 필터)은 조정을 크게 불러일으킵니다.
>
> 더 나아가 경기선행지수의 세부 구성지표를 취합하는 과정에서도 조정이 이뤄집니다. 경기선행지수 구성요소의 약 60% 정도만이 '속보치(매월 중순 발표되는 첫 번째 발표치)'를 발표할 때 취합된 상태입니다. 이는 40%의 지표는 아직 수집이 되지 않은 상태라는 뜻입니다.
>
> 따라서 시간이 경과하면서 새로 발표된 통계를 취합함으로써 경기

---

31 통계청(2019.9.20), "제10차 경기종합지수 개편 및 최근의 기준순환일 설정 결과".

32 원문을 보고 싶은 독자들은 www.oecd.org/sdd/leading-indicators/compositeleadingindicatorsclifrequentlyaskedquestionsfaqs.htm#3을 참조.

33 좀더 자세한 내용은 영문 위키피디아에서 Hodrick-Prescott Filter로 검색해 참조.

선행지수의 조정이 이뤄집니다. 당연히 속보치보다 이후 발표된 숫자가 더 정확합니다. 경기선행지수 작성에 사용된 구성요소의 발표시차는 데이터 조정을 가져옵니다.

2008년과 2011년에 발생했던 데이터의 급격한 감소와 반등 문제는 경제 내 추세를 파악하는 데이터 필터에 따른 오차, 그리고 구성요소의 발표시차 문제가 겹쳐 생겼던 것으로 보입니다. 즉, 경제에 강력한 '외부충격'이 발생하면 기존 추세가 무너지게 되는데, 이를 신속하게 파악하기 힘들어 사후적인 조정이 발생하는 셈입니다.

경제전망 기관의 예측치가 다 비슷비슷한 이유는?

앞의 분석을 보면서 "OECD 경기선행지수는 사용하면 안 되겠네!"라고 말씀하는 독자들이 있을 것 같습니다.

그런데 OECD뿐만 아니라 세계 주요 경제전망 기관들은 다 비슷한 문제를 가지고 있습니다. 왜냐하면 경제전망이라는 것이 기존의 경제성장 추세라는 토대 위에서 진행되기 때문입니다.

다음의 그림은 2000년 이후 국제통화기금(IMF)의 『세계경제전망』 보고서에 실린 '1년 전 예측치'와 실제 한국 경제성장률을 비교하여 보여줍니다.

이 그림을 보면 두 가지 특성을 발견할 수 있는데, 가장 큰 특징은 후행성입니다. 2008년 말 경제에 강력한 충격이 발생해 2009년 경제성장률이 제로 수준으로 떨어졌을 때, 그때 발표된 2010년 경제성장률 전망은 1%에 그쳤습니다.

IMF 발표 한국 경제성장률 실제치와 1년 전 예측치 비교

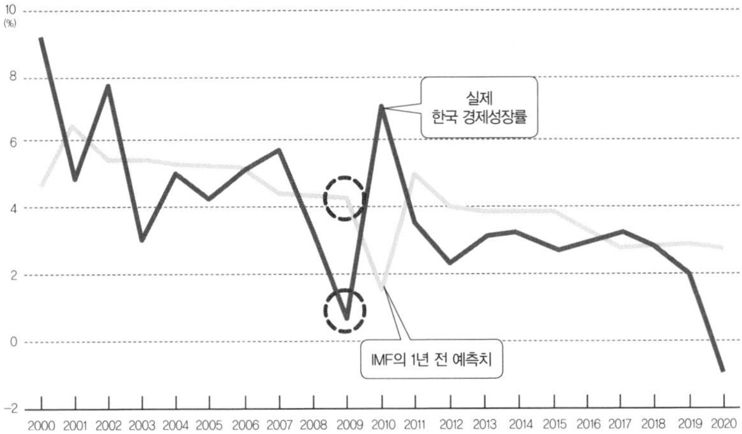

자료: IMF 『세계경제전망』 각호, 리치고 인베트스트먼트 작성

반대로 2010년 한국 경제가 예상 밖으로 성장한 다음 2011년 경제성장률 전망치는 5%에 가깝게 제시된 바 있습니다. 기존 통계를 이용한, 그리고 경제의 추세에 기반한 경제전망의 한계라 하겠습니다.

두 번째 특징은 평균회귀(Mean Regression) 혹은 평활화 성향입니다. 한국 경제의 잠재성장률, 그러니까 현재 가용한 인력과 자본을 최대한 활용해 달성 가능한 경제성장률이 3%이라면, IMF의 경제성장률 전망치는 대체로 3% 전후로 제시됩니다. 왜냐하면 극단적인 경제전망을 제시해 맞출 확률보다, 잠재성장률 수준의 성장률을 달성할 가능성이 더 높은 것으로 보기 때문입니다. 따라서 경제성장률 전망을 보면 전망 기관별로 큰 차이가 없고, 또 연도별로도 비슷비슷한 숫자가 제시되는 것을 볼 수 있죠.

따라서 경제전망 기관의 예측을 맹신해서는 안 됩니다. 1장에서 잠깐 언급했던 것처럼, '여우처럼' 활용할 필요가 있죠.

"이 지표만 보면 된다"는 식의 사고를 지양하고, 다양한 지표를 함께 점검하는 태도가 필요합니다. 그래서 제가 10장까지 다양한 자산을 대상으로 스위칭 전략을 제시한 것이죠. OECD 경기선행지수처럼 조정이 빈번하게 이뤄지는 지표가 아닌, 미국 소매판매나 미국 주택건설업협회(NAHB) 지수, 그리고 공급관리자협회(ISM) 제조업 가격지수를 활용한 데에는 이런 배경이 있었던 것입니다.

물론 다양한 경제지표를 점검하고 이를 기반으로 주식, 채권 혹은 다양한 투자 스타일을 스위칭 하는 것은 쉬운 일이 아닙니다. 자동으로 이 모든 것을 처리해주는 시스템이 마련되면 좋을 텐데, 아직까지는 현실적이지 않은 것 같습니다. 이 문제를 앞두고 고민에 빠진 독자들에게 '자산배분'이라는 대안이 존재합니다.

11장

자산배분의 기초를 살펴보자!

자산배분을 하면 어떤 효과가 있나?

자산배분이란?

자산배분이란 '스위칭 전략'의 대상이 되는 다양한 자산(미국 주식, 한국 주식, 미국 국채 등)을 일정 비율로 나눠 투자하는 것을 의미합니다. 물론 아무 자산이나 나눠 투자하면 되는 게 아니라 두 가지 조건을 충족해야 합니다. 첫째, 서로 반대 방향으로 움직이는 특성을 가져야 하며, 둘째, 우상향하는 성향을 띤 자산이어야 합니다.

이 조건을 가장 잘 만족하는 짝이 바로 '한국 주식/미국 국채'입니다. 다음의 그림은 2000년 이후 한국 주식과 미국 국채의 성과를 보여줍니다. 한국 주식과 미국 국채는 둘 다 우상향하면서 변화의 방향이 서로 다른 것을 발견할 수 있습니다. 이런 짝을 발견하면, 자산배분에 관심을 가진 투자자들은 금광을 발견한 것 같은 기쁨을 느낍니다.

이제 한 발 더 나아가 보겠습니다.

한국 주식과 미국 국채의 성과 추이

자료: 에프앤가이드, 리치고 인베트스트먼트 작성

자산배분의 효과

한국 주식과 미국 국채에 50대 50으로 투자하는 경우를 보죠. 예를 들어 2000년 1월 1일에 50만원으로 한국 주식을 사고, 남은 50만원으로 미국 국채를 사는 것입니다. 물론 다양한 배분비율이 있을 수 있지만, 일단 50대 50 포트폴리오만 생각해 보겠습니다.

다음의 그림은 한국 주식과 미국 국채에 분산해 투자한 성과를 보여줍니다. 포트폴리오가 두 자산의 가운데에서 움직이는 것을 발견할 수 있습니다. 2000년 이후의 누적 성과를 비교해보면, 한국 주식의 누적수익률이 348%, 미국 국채는 148%, 그리고 자산배분 포트폴리오는 260%를 기록하는 것이 이를 반증합니다. 그런데 흥미로운 것은 변동성입니다. 한국 주식의 변동성은 21.7%, 미국 국채는 14.9%인데 비해, 자산배분 포트폴리오는 단 8.5%에 그칩니다.

결과적으로 자산배분 포트폴리오는 손실 확률이 극적으로 내려갑니다. 손실 확률이란 각 자산의 전년 동기 대비 수익률에서 마이너스 수익을 얼마나 기록했는지 측정한 것입니다. 한국 주식은 32.5%, 미국 국채는 42.2%, 자산배분 포트폴리오는 20.1%입니다. 이 결과만 보더라도 자산배분이 안정적 성과를 기록하는 데 도움되는 것을 알 수 있습니다. 그런데 자산배분의 효과는 이것만이 아닙니다.

한국 주식과 미국 국채, 그리고 자산배분의 성과 비교

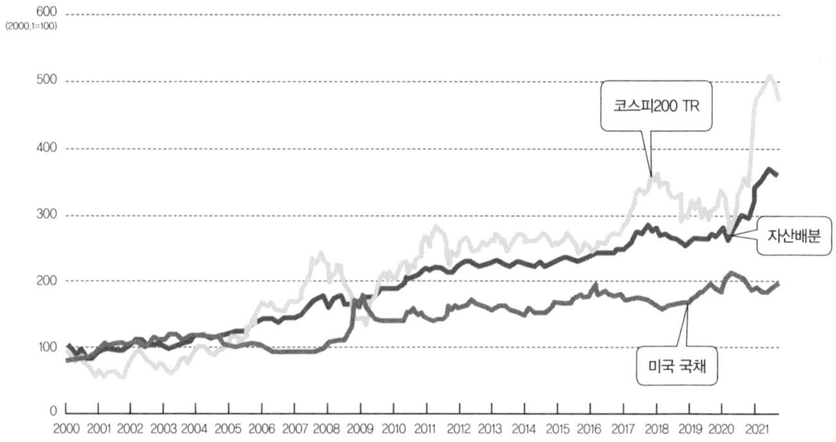

자료: 에프앤가이드, 리치고 인베트스트먼트 작성

한국 주식과 미국 국채, 그리고 자산배분의 성과 비교 기준: 2000~2021년

	누적 수익률	연 수익률 표준편차	연 수익률 마이너스 확률
코스피200 TR	348%	21.7%	32.5%
미국 국채	148%	14.9%	42.2%
한국 주식/미국 국채 50대 50 자산배분	260%	8.5%	20.1%

수익률이 좋으면서도,
특히 손실 확률이 극적으로 내려간다.

자료: 리치고 인베트스트먼트 작성

자산배분 후 리밸런싱의 마법!

앞에서는 2000년에 한국 주식에 50만원과 미국 국채에 50만원을 투자한 후, 이를 그대로 내버려둔 후에 260%의 수익을 올렸음을 알았습니다. 즉, '매수 후 보유전략'을 펼친 결과, 투자원금 100만원이 360만원으로 불어났습니다.

그런데 앞의 그림을 보면, 2021년으로 다가갈수록 자산배분 포트폴리오의 성과가 점점 한국 주식의 성과에 근접하는 것을 발견할 수 있습니다. 왜냐하면 한국 주식이 미국 국채보다 더 높은 성과를 보이기 때문입니다.

따라서 2021년 1월에는 전체 자산 포트폴리오에서 차지하는 한국 주식의 비중이 65%를 넘기는 수준까지 높아집니다. 이렇게 되면, 우리가 한국 주식과 미국 국채에 50대 50으로 자산배분을 했던 의도가 왜곡됩니다.

이 문제를 해결하는 것이 바로 리밸런싱(Rebalancing)입니다.

리밸런싱은 '비율 재조정'으로 번역할 수 있는데, 워낙 투자업계에서 자주 쓰는 표현이니 이 책에서는 번역하지 않고 사용하겠습니다. 리밸런싱은 매우 간단합니다. 매월 한국 주식과 미국 국채의 비중을 각각 50%로 맞춰주는 것입니다. 이렇게 하면 수익률이 높은 자산으로 포트폴리오가 쏠리는 문제를 해결할 수 있습니다.

다음의 그림은 한국 주식과 미국 국채를 50대 50으로 '매수 후 보유' 전략과 리밸런싱 전략의 성과를 비교해 보여줍니다. 한눈에 격차를 확인할 수 있습니다.

리밸런싱 전략의 성과가 '매수 후 보유' 전략에 비해 높고 변동성은 둘이 비슷합니다. 특히 놀라운 것은 한국 주식에 '올-인' 한 것과 리밸런싱 포트폴리오 성과에 큰 차이가 없다는 것입니다.

'한국 주식과 미국 국채' 스위칭 전략의 리밸런싱 성과 비교

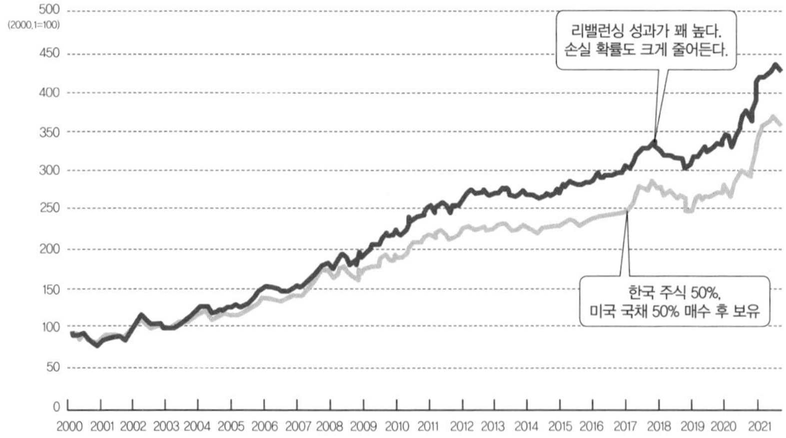

자료: 에프앤가이드, 리치고 인베트스트먼트 작성

반면 손실을 볼 확률은 한국 주식이 무려 32.5%에 달하는 데 반해, 리밸런싱을 한 포트폴리오는 손실 확률이 단 14.9%에 불과합니다. 물론 수익률 표준편차도 리밸런싱을 한 경우가 훨씬 낮죠.

'한국 주식과 미국 국채' 스위칭 전략의 리밸런싱 성과 비교

기간: 2000~2021년

	누적 수익률	연 수익률 표준편차	연 수익률 손실 확률
코스피200 TR	348%	21.7%	32.5%
미국 국채	148%	14.9%	42.2%
한국 주식 50%, 미국 국채 50% 매수 후 보유	260%	8.5%	20.1%
한국 주식, 미국 국채 50/50 리밸런싱	329%	8.6%	14.9%

자료: 리치고 인베트스트먼트 작성

한국 주식시장의 성과는 그대로 누리면서 위험은 낮추는 마법!

이처럼 자산배분을 하고 끝내는 것이 아니라 리밸런싱까지 하면, 주식시장의 성과는 그대로 누리면서 위험은 크게 낮추는 마법 같은 일이 벌어집니다. 이런 현상이 벌어지는 핵심 요인은 바로 '평균 회귀' 현상 때문입니다. 불황이 와서 주식가격이 폭락하는 일이 종종 벌어집니다만, 장기적으로 보면 주식가격은 인플레 및 경제성장에 따라 우상향하는 모습을 띠기 마련입니다. 따라서 주식가격이 폭락하는 때에 미국 국채에 투자해 번 돈을 활용해 한국 주식을 저가에 매입하면, 주식시장이 회복될 때 큰 수익을 누릴 수 있게 됩니다.

이상의 리밸런싱 과정을 2020년을 배경으로 설명해보겠습니다. 2020년 초에 1천만원을 한국 주식에 500만원, 그리고 미국 국채에

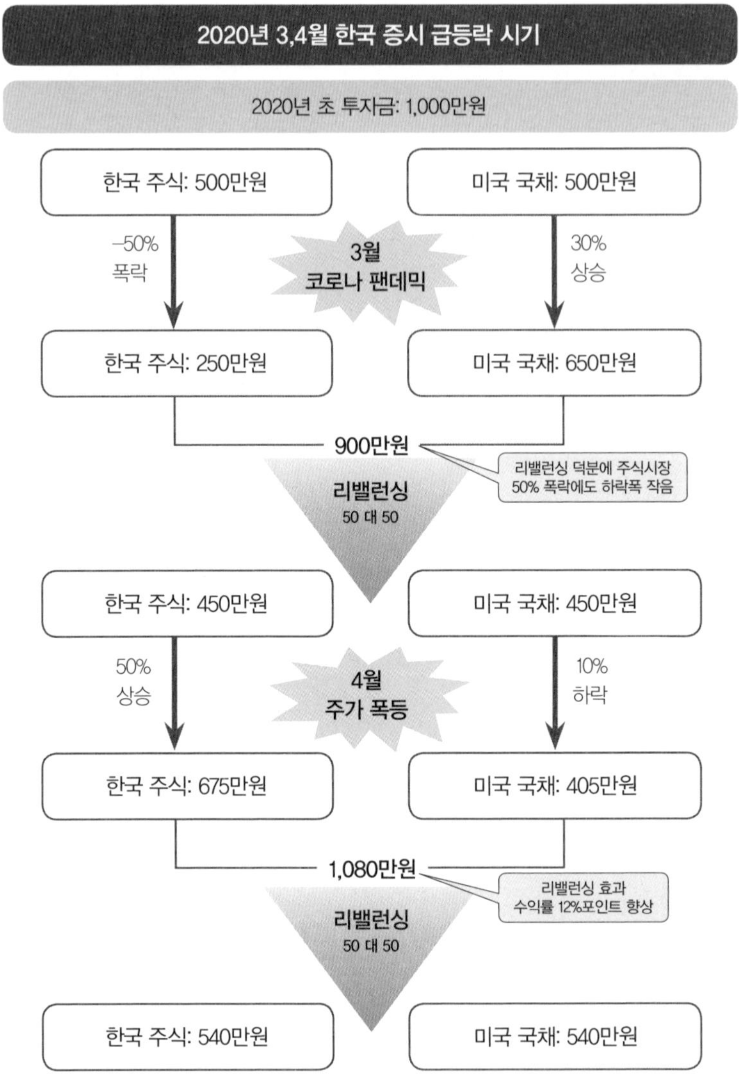

500만원을 투자했다고 하죠.

그런데 그해 3월 코로나 팬데믹으로 한국 주식의 주가가 50% 폭락하고, 미국 국채가격이 30% 상승했다고 가정해보죠. 한국 주식에

'올-인' 했다면 1천만원이 500만원이 되었을 텐데, 자산배분을 한 덕분에 900만원으로 하락폭이 적었습니다. 이처럼 가격이 급등락할 때 리밸런싱을 해야 합니다.

이제 한국 주식과 미국 국채의 배분 비율 50대 50을 지키기 위해, 수익이 난 미국 국채를 200만원 팔아 손실이 난 한국 주식을 매입합니다. 다행히 4월부터 주가가 폭등해 연말이 되자, 한국 주식은 50% 상승한 675만원, 그리고 미국 국채는 4월보다 10% 하락한 405만원이 되었습니다. 3월에 리밸런싱을 한 덕분에 투자금은 1,080만원으로 불어났네요. 만일 리밸런싱을 하지 않고 한국 주식과 미국 국채를 '매수 후 보유'하는 전략을 유지했다면 투자원금은 단 960만원으로 줄어들었을 텐데 말입니다. 리밸런싱이 성과를 무려 12%포인트나 향상시킨 셈입니다.

물론 여기서 멈추면 안 됩니다. 이제 한국 주식의 비중이 62.5%가 되고 미국 국채의 비중이 37.5%가 되었으니, 다시 비중을 50대 50으로 맞추는 작업을 해야죠. 한국 주식을 135만원 팔아서 미국 국채를 매수해, 다시 비중을 원래대로 돌립니다. 그러면 2021년 환율이 상승한 반면, 한국 주식시장은 부진한 모습을 보였으니 또 리밸런싱 효과를 거두었을 것 같습니다.

물론 이 사례에서는 단기에 리밸런싱이 효과를 거두었지만, 리밸런싱의 효과를 보기 위해서는 2~3년이 넘는 세월이 걸리기도 한다는 사실을 알아두면 좋을 것 같습니다.

최적의 자산배분 비율은?

앞의 분석을 통해, 서로 반대 방향으로 움직이며 우상향하는 특성을 가진 자산에 분산해 투자하고 리밸런싱을 하면 안정적으로 높은 성과를 올릴 수 있다는 것을 알았습니다. 그런데 여기서 "50대 50 말고 더 좋은 배분비율은 없나?"라는 의문을 가지는 독자들이 많을 것입니다.

이에 대한 답은 "다양한 솔루션이 나올 수 있다"입니다. 왜냐하면 사람마다 '위험-수익' 선호가 다 다르기 때문입니다. 예를 들어 오랜 투자경력을 가지고 있는 사람은 "위험이 높더라도 고수익이 좋아"라고 생각할 수 있습니다. 반면 투자경험이 부족하고, 은행 예금 이외에 다른 투자자산에 관심이 없었던 이는 "수익보다 위험이 낮은 게 더 중요해"라고 생각할 수 있겠지요.

따라서 저는 어떤 이에게 자산배분을 하라고 추천할 때, 다음의 세 가지를 제공함으로써 판단을 돕습니다.

첫 번째는 최저 분산 포트폴리오(MVP)로 수익률의 변동폭이 가장 작은 자산배분 짝입니다. 이번 사례에서는 한국 주식에 40%, 미국 국채에 60%를 투자하는 것입니다. 연환산 복리 수익률은 6.8%에 이르면서 수익률의 변동성은 단 7.2%에 그치니까 말입니다.[34]

다음으로 보여주는 자산배분 비율은 한국 주식에 80%, 미국 국

포트폴리오별 '한국 주식/미국 국채' 자산배분의 성과와 위험

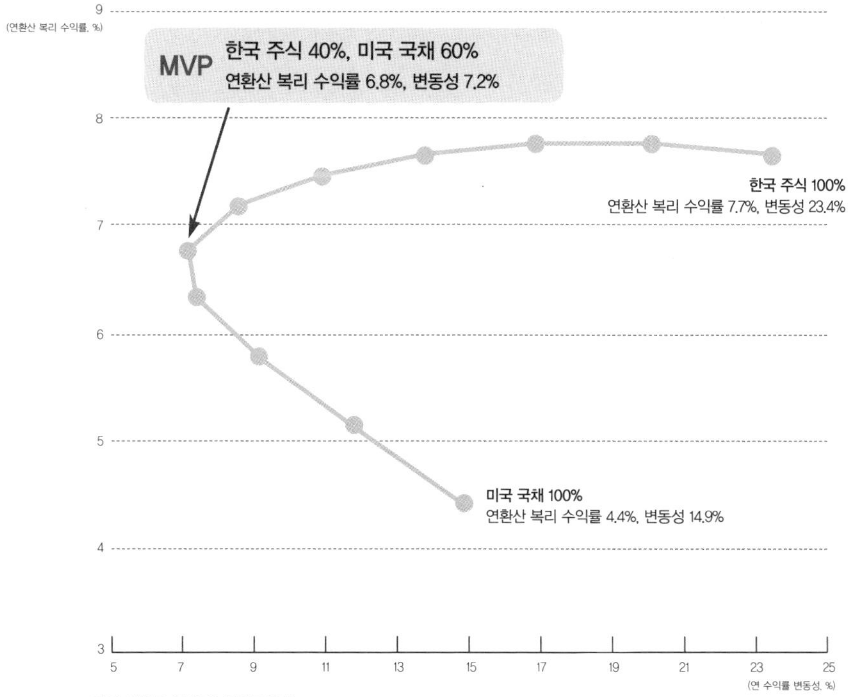

자료: 리치고 인베트스트먼트 작성

34 참고로 이 배분비율(한국 주식 40%, 미국 국채 60%)로 이뤄진 상품이 바로 '코덱스200 미국채혼합(284430)'이다. 위험을 기피하지만, 채권에 투자하는 것보다는 높은 성과를 원하는 투자자들을 위해 만들어졌다고 볼 수 있다.

채에 20%를 투자하는 고수익 포트폴리오입니다. 연환산 복리 수익률이 7.8%로 높지만, 수익률의 변동성이 10.3%까지 높아지는 것이 문제입니다.

마지막은 두 포트폴리오의 중간에 위치한 한국 주식 60%, 미국 국채 40%의 자산배분 짝입니다. 7.5%의 꽤 높은 연환산 복리수익률, 그리고 8.8%의 그럭저럭 견딜 만한 수익률의 변동성을 경험합니다.

포트폴리오별 '한국 주식/미국 국채' 자산배분의 성과 비교

	최저 분산 포트폴리오 (MVP)	고수익 포트폴리오	중간형 포트폴리오
자산배분 비율	한국 주식: 40% 미국 국채: 60%	한국 주식: 80% 미국 국채: 20%	한국 주식: 60% 미국 국채: 40%
연환산 복리 수익률	6.8%	7.8%	7.5%
수익률 변동성	7.2%	10.3%	8.8%

자료: 리치고 인베트스트먼트 작성

세 가지 대안 중에서 하나를 고르라고 하면, 선택이 훨씬 쉬워지겠죠? 저는 아마 한국 주식 80%, 미국 국채 20%의 자산배분 짝을 고를 것 같습니다. 하지만 투자위험이 가장 낮은 한국 주식 40%, 미국 국채 60%의 자산배분 짝을 선택하는 이들도 많을 것 같습니다.

아무튼 한 가지 자산에 '올-인' 하는 것보다 수익률은 더 높고 위험은 낮은 자산배분의 짝이 있다는 것을 꼭 기억했으면 합니다. 다음 장에서는 본격적으로 다양한 자산을 활용한 자산배분에 대해 살펴보겠습니다.

MONEY BOX

코덱스200 미국채혼합 ETF의 성과는?

한국 주식에 40%, 미국 채권에 60%를 자동으로 투자해주는 편리한 ETF인 코덱스200 미국채혼합(284430)의 성과를 살펴보겠습니다. 이 ETF는 2017년 12월 5일 상장된 후 2021년 12월 초까지 누적으로 27.92%의 수익률을 기록했습니다. 연 평균으로 환산하면 7% 전후이며, 주가가 최저점이었던 2018년 12월 28일에도 9,485원을 기록할 정도로 가격방어도 잘되는 상품입니다. 2000년 이후의 백테스트 결과와 큰 차이가 없는 것을 보면, 앞으로도 기대를 걸어볼 만한 상품이 아닌가 생각됩니다.

코덱스200 미국채혼합 ETF의 성과

단위: % | 기간: 2017년 12월 5일~2021년 12월 초

구분	1개월	3개월	6개월	1년	3년	5년	상장 이후
NAV (순자산가치)	1.12	-1.64	0.28	6.84	35.58	-	27.73
기초지수	1.16	-1.80	-0.15	6.14	31.14	-	22.78
시장가격 (종가)	1.07	-1.78	0.23	6.86	35.86	-	27.92

자료: 삼성자산운용 홈페이지

12장

본격적인 자산배분의 세계로!

반대 방향으로 움직이는 자산 짝을 찾아라!

자산배분의 1단계는 서로 반대 방향으로 움직이는 자산 짝, 즉 마이너스(―)의 상관계수를 가지는 자산 짝을 찾는 것에서 시작합니다.

11장에서 제가 한국 주식과 미국 국채의 짝을 자산배분의 대상으로 가장 먼저 검토했던 이유는 다음의 표에 나와 있습니다. 한국 주식과 미국 국채의 상관계수는 -0.61입니다. 이 마이너스 숫자가 크면 클수록, 두 자산이 강한 음(―)의 상관관계를 맺고 있다는 뜻으로 해석

상관계수가 -0.3 미만인 자산의 짝

한국 아파트/미국 주식(-0.62) > 한국 주식/미국 국채(-0.61) > 한국 아파트/미국 정크본드(-0.46) > 미국 국채/미국 리츠(-0.46) > 미국 주식/금(-0.46) > 한국 주식/미국 정크본드(-0.43) > 미국 국채/신흥국(EM) 주식(-0.42) > 한국 주식/글로벌 헤지펀드(-0.40) > 미국 국채/글로벌 인프라(-0.39) > 한국 주식/한국 국채(-0.32) 등

2000년 이후 글로벌 주요 자산의 상관계수

단위: % | 기준: 연 평균

	한국 코스피	한국 국공채	한국 아파트	미국 S&P500	미국 국채	미국 정크본드	미국 리츠	신흥국 주식	글로벌 인프라	헤지 펀드	금
한국 코스피	1.00										
한국 국공채	**(0.32)**	1.00									
한국 아파트	0.43	0.06	1.00								
미국 S&P500	(0.14)	(0.20)	**(0.62)**	1.00							
미국 국채	**(0.61)**	0.26	(0.08)	(0.24)	1.00						
미국 정크본드	**(0.43)**	0.24	**(0.46)**	0.24	0.35	1.00					
미국 리츠	0.28	(0.19)	(0.09)	0.57	**(0.46)**	0.06	1.00				
신흥국 주식	0.68	(0.32)	0.07	0.17	**(0.42)**	(0.01)	0.32	1.00			
글로벌 인프라	0.39	(0.07)	(0.00)	0.37	**(0.39)**	(0.06)	0.50	0.73	1.00		
헤지 펀드	**(0.40)**	0.08	0.12	0.05	0.63	0.25	(0.26)	0.00	0.03	1.00	
금	(0.14)	(0.05)	0.16	**(0.46)**	0.66	0.22	(0.24)	0.06	(0.24)	0.37	1.00

( )는 음수를 나타낸다. 한국 주식(코스피)과 미국 국채의 상관계수는 –0.61로, 자산배분의 짝으로 매우 좋다. 마이너스 숫자가 클수록 자산배분 효과가 크다는 의미이다.

자료: 에프앤가이드, 블룸버그, 리치고 인베스트먼트 작성
주: 괄호( ) 안의 별색 글자는 음수를 나타낸다. (0.14)는 –0.14이다.
하늘색 음영으로 표시된 부분이 상관계수가 –0.3 미만인 자산의 짝이다.

됩니다. 반대로 0에 가까워질수록, 그리고 +1에 가까워질수록 자산배분의 짝으로는 모자람이 있다는 것입니다.

여기에 거론된 자산들이 자산배분의 1순위에 속한다고 볼 수 있죠. 이제 다음 순서로 각 자산의 2002년 이후 수익률을 살펴보겠습니다.

반대로 움직이면서
수익률도 높은 자산은?

주요 자산 사이의 상관관계를 분석해 투자대상을 좁히긴 했지만, 이것으로 끝난 것은 아닙니다. 마이너스의 상관계수를 가지고 있더라도, 수익률이 너무 낮다면 투자대상 자산으로 적합하지 않을 수 있으니까 말입니다.

대표적인 예가 달러나 엔에 대한 외화예금입니다. 외화예금은 매력적인 투자자산으로 매매차익에 대한 과세도 없어서 초보자들이 투자하기에 적합합니다만, 2020년 이후 외화예금 금리가 제로 수준이 되어 장기투자를 하는 이들에게 현금흐름(배당이나 이자 등)을 주지 않는 것이 문제입니다.

따라서 자산배분을 위해서는 자산별 수익률을 살펴볼 필요가 있습니다. 지난 19년간 자산별 수익률을 살펴보면, 금과 한국 주식이 각각 1위와 2위를 차지했네요.

2002년 이후 글로벌 주요 자산의 수익률 추이

단위: % | 기준: 연 평균

	한국 코스피	한국 국공채	한국 아파트	미국 S&P500	미국 국채	미국 정크본드	미국 리츠	신흥국 주식	글로벌 인프라	헤지 펀드	금
2002년	32.1	3.5	23.4	−19.4	4.4	−5.8	−8.4	−1.9	−2.2	1.8	10.9
2003년	−10.2	20.6	12.6	−7.4	3.0	10.9	−4.8	3.3	7.9	5.8	11.7
2004년	22.5	5.1	4.1	12.5	−1.5	10.9	11.9	29.3	26.3	0.6	8.2
2005년	28.9	13.2	2.5	−4.5	−7.6	−3.6	5.8	14.8	14.4	−8.8	−2.8
2006년	26.0	−4.1	7.8	1.2	−5.2	−0.3	15.1	24.1	15.6	0.0	26.7
2007년	26.2	9.7	9.7	9.7	3.0	6.2	8.2	31.4	29.7	6.2	12.2
2008년	−10.7	1.3	3.0	−2.1	30.8	8.7	−10.9	6.1	6.6	10.4	48.0
2009년	−6.6	15.3	−0.3	−10.0	22.6	19.6	−34.3	−7.3	−12.1	1.9	29.5
2010년	23.5	−2.2	2.9	9.0	−5.7	19.0	33.7	20.2	6.2	−2.2	14.2
2011년	12.4	10.3	7.4	6.5	0.7	6.0	14.2	0.6	4.6	−3.8	22.7
2012년	−2.7	12.0	3.8	10.7	8.5	11.2	15.7	−5.2	4.2	−1.9	8.0
2013년	1.6	10.2	−0.7	15.8	−3.3	7.7	5.2	−1.1	9.0	2.2	−18.0
2014년	1.1	−1.8	1.7	13.0	−2.6	3.2	3.6	−3.7	12.4	−0.7	−13.6
2015년	1.5	14.7	3.9	14.6	11.0	7.2	18.4	−2.2	6.3	6.4	−1.7
2016년	−1.2	5.9	3.0	4.3	5.9	5.6	7.0	−6.6	1.9	−1.7	10.7
2017년	16.3	0.9	1.4	13.9	−3.2	10.1	−0.4	19.9	12.1	3.3	−2.0
2018년	0.6	−2.3	2.2	9.2	−3.5	0.3	−3.6	3.5	−2.0	−1.1	−1.8
2019년	−9.4	8.4	0.9	12.4	13.2	12.6	22.8	0.4	15.7	4.5	16.4
2020년	5.4	4.8	4.2	11.8	11.2	3.8	−1.9	3.5	−6.2	5.3	28.8
평균	**8.3**	**6.6**	**4.9**	**5.3**	**4.3**	**7.0**	**5.1**	**6.8**	**7.9**	**1.5**	**11.0**
표준편차	**14.6**	**6.9**	**5.6**	**9.8**	**10.1**	**6.7**	**14.7**	**12.4**	**10.2**	**4.5**	**16.0**

자료: 에프앤가이드, 리치고 인베트스트먼트 작성

그 다음은 글로벌 인프라와 미국 정크본드, 신흥국 주식, 한국 국채, 미국 주식, 미국 리츠, 한국 아파트, 미국 국채 순서였습니다. 앞에서 상관계수가 마이너스(-)를 기록했던 자산들이 다수 포함된 것이 무척

2002년 이후 글로벌 주요 자산의 수익률 순위

금 >>> 한국 주식 >>> 글로벌 인프라 >>> 미국 정크본드 >>> 신흥국 주식 >>> 한국 국채 >>> 미국 주식 >>> 미국 리츠 >>> 한국 아파트 >>> 미국 국채

기쁩니다.

이 정도만 해도 자산배분의 기초는 다 만들어진 셈이니, 국내에 상장된 ETF가 있는 자산 위주로 백테스트를 해 보겠습니다. 물론 해외에 상장된 ETF도 투자대상으로 매력적인 자산이 많은데, 아직 다른 이들에게 공개할 만한 백테스트 시스템이 갖춰지지 않아 다음 기회로 미뤄야 할 것 같습니다. 참고로 앞으로 진행되는 백테스트는 리치고 인베스트먼트에서 2022년 상반기 중 공개 예정인 '백테스트 시스템'을 활용한 것임을 밝힙니다.

성장형 자산배분:
국내외 주식 50%

국내에 상장된 ETF로 투자할 때 가장 중요한 것은 주식투자 비중입니다. 주식은 수익률이 높은 대신 변동성이 워낙 크기 때문에, 주식투자 비중을 결정하는 것이 가장 중요합니다. 따라서 저는 세 가지의 대안별로 자산배분 전략을 제시할까 합니다.

먼저 주식투자 비중이 50% 정도인 '성장형'부터 말씀드리겠습니다. 성장형 자산배분 전략은 저처럼 투자경력이 오래된 사람들과 연금자산을 운용하는 이들에게 적합합니다. 왜냐하면 자산운용에서 가장 힘든 것이 '장기보유'인데, 개인연금이나 퇴직연금 같은 상품은 세제혜택이 큰 대신 환매가 매우 어렵기 때문입니다. 즉, 강제로 장기투자를 하게 설계된 상품이니 일시적인 어려움에 좌절하지 않고 견뎌낼 수 있을 것이라고 기대됩니다.

특히 리밸런싱의 어려움을 상당부분 덜 수 있는 것도 큰 장점입니다. 11장에서 살펴본 것처럼, 수익이 발생한 자산을 매도하고 손실이 난 자산을 매수하는 식으로 리밸런싱을 하는 것이 쉽지 않습니다. 왜냐하면 떨어진 자산은 더 떨어질 것 같고, 오르는 자산은 매도하려니 아깝기 때문이죠.

이럴 때 개인연금이나 퇴직연금은 리밸런싱의 어려움을 크게 덜어줍니다. 연초나 연말 개인연금 계좌에 돈을 불입하면서 '가장 많이 빠진 자산 위주로 물타기'를 하는 것입니다.[35]

그런데 연금계좌로 자산배분을 해서 투자할 때 한 가지 유의할 사항이 있습니다. 세금 및 규제 문제가 있어서, 이전에 투자하던 KB스타200 TR 등 한국 주식을 추종하는 ETF에 투자하기 어렵습니다. 왜냐하면 한국 주식형 ETF의 경우 일반계좌(및 ISA)에서는 비과세 상품이지만, 연금계좌에서 운용할 경우 연금을 수령할 때 연금소득세가 과

성장형 자산배분(퇴직연금용)

자산	비중	추천 투자상품
주식	50%	타이거 미국S&P500 [25%], 아리랑 신흥국MSCI(합성 H) [25%]
채권	20%	코세프 국고채10년 [10%], 아리랑 미국장기우량회사채 [10%]
대체투자	20%	타이거 미국MSCI리츠(합성 H) [20%]
현금성 자산	10%	타이거 단기채권액티브 [10%]

자료: 리치고 인베트스트먼트 작성

35 개인연금 계좌는 연간 400만원, 그리고 퇴직연금(및 IRP) 계좌는 연간 300만원 내에서 16.5~13.2% 세액공제 혜택을 받을 수 있다. 좀더 자세한 내용은 KB증권 홈페이지(www.kbsec.com)에서 '금융상품→IPR/개인연금저축→연금계좌 절세활용법'의 메뉴를 선택하면 볼 수 있다.

세되는 문제가 발생하기 때문입니다. 따라서 한국 주식 ETF 대신 아리랑 신흥국MSCI(합성H)를 포트폴리오에 편입했습니다. 한국 주식과 신흥국 시장은 매우 강한 정(+)의 상관관계를 가지고 있으니, 둘 중 어떤 것을 선택하더라도 성과에 큰 차이가 발생하지 않습니다.

퇴직연금 계좌 운용에는 또 다른 제약이 한 가지 추가됩니다. 그것은 '선물·레버리지' 상품에 투자할 수 없다는 것입니다. 따라서 미국 국채에 투자할 때 사용하던 타이거 미국채10년선물 대신 아리랑 미국 장기우량회사채를 편입했습니다. 더 나아가 타이거 골드선물(H) 대신 타이거 미국MSCI리츠(합성H)로 대체했습니다.

다음의 그림은 매월 '리밸런싱'을 하는 조건으로 백테스트를 한 결과입니다. 누적 성과는 코스피200 TR이 348%, 성장형 자산배분 전략이 345%로 둘 다 비슷합니다. 그러나 연 변동성에서는 격차가 큽

성장형 자산배분 전략의 성과

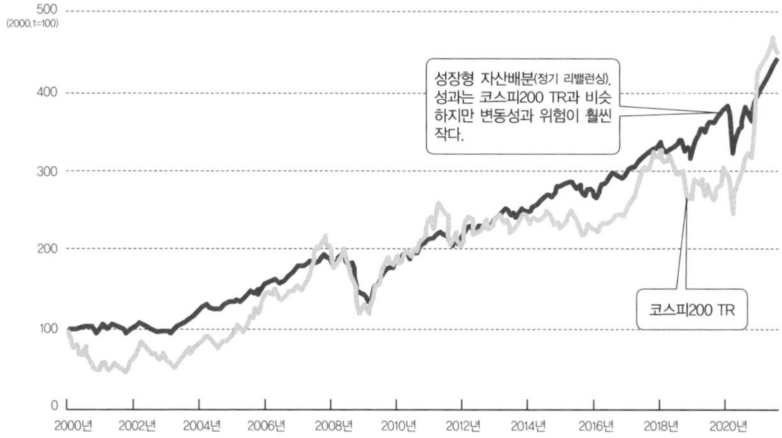

자료: 리치고 인베트스트먼트 작성

니다. 코스피200 TR의 변동성이 21.7%인데 비해, 성장형 자산배분 전략은 단 10.0%에 불과합니다.

특히 투자의 위험성을 측정하는 고점 대비 최대낙폭(MDD, Maximum DrawDown) 면에서도 성장형 자산배분 전략이 매력적입니다. 고점 대비 최대낙폭이란 "당신의 포트폴리오가 최악의 경우 얼마나 손실을 볼 수 있는가?"라는 의문에 수치로 답하는 것입니다.

다음 그림은 코스피200 TR과 성장형 자산배분의 고점 대비 최대낙폭을 보여줍니다. 2001년 9월에 발생한 동시다발 테러공격(9.11)과 2008년 글로벌 금융위기 등 자산시장에 닥친 수많은 위기에 코스피200 TR과 성장형 자산배분 전략이 얼마나 손실을 입었는지 보여줍니다. 먼저 코스피200 TR은 고점 대비 최대낙폭이 각각 -56%와 -45%를 기록한 반면, 성장형 자산배분 전략은 각각 -12%와 -32%를

성장형 자산배분 전략의 최대낙폭(MDD) 추이

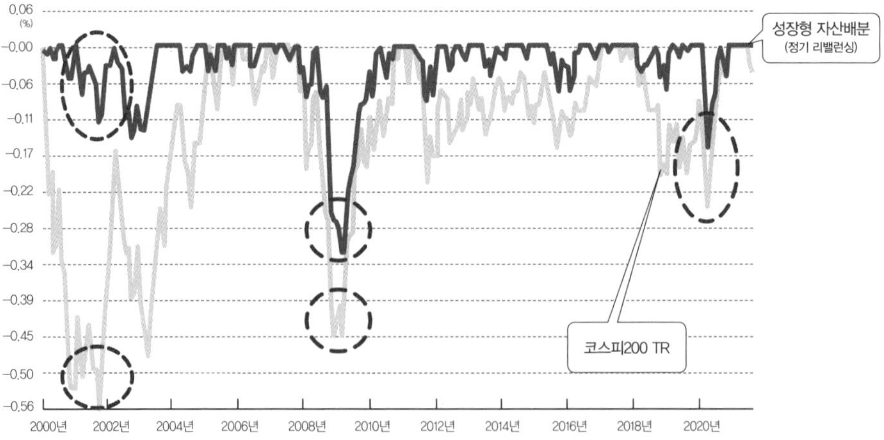

자료: 리치고 인베트스트먼트 작성

기록해 대조를 이룹니다.

특히 2020년 3월 발생한 코로나 팬데믹 폭락 사태에서 코스피 200 TR의 최대낙폭은 -25%에 이른 반면, 성장형 자산배분 전략은 단 -16%에 불과한 것으로 나타났습니다.

성장형 자산배분 전략의 위험이 낮은 이유는 두 가지 때문입니다. 첫 번째는 주식과 반대 방향으로 움직이는 국채 등에 분산투자를 했고, 다른 한편으로는 리밸런싱을 통해 '저가매수' 및 '차익실현'을 병행했기 때문일 것입니다.

다음은 주식투자 비중이 25%에 그치는 안정형 자산배분 전략에 대해 살펴보겠습니다.

안정형 자산배분: 국내외 주식 25%

앞에서 다룬 성장형 자산배분 전략의 2008년 글로벌 금융위기 시 고점 대비 최대낙폭이 -32%인 것에 놀라는 독자들도 많을 것 같습니다. "자산배분을 한다면서 30%가 넘는 손실이 말이 됩니까?"라는 질문이 귀에 들리는 것 같습니다.

투자 손실 자체를 기피하는 투자자들에게 추천할 것이 안정형 자산배분 전략입니다. '안정형'이라는 말 그대로 위험이 굉장히 낮게 설계된 자산으로, 다음 쪽의 표와 같이 구성됩니다.

앞에서 본 성장형 자산배분 전략과 ETF는 동일한데 배분 비율이 달라졌습니다. 성장형 자산배분 전략은 주식 비중이 50%인데, 안정형 자산배분 전략은 25%에 불과합니다. 주식 비중이 줄어든 만큼 채권과 현금성 자산의 비중이 70%에 이릅니다.

안정형 자산배분(퇴직연금용)

자산	비중	추천 투자상품
주식	25%	타이거 미국S&P500 [12.5%], 아리랑 신흥국MSCI(합성 H) [12.5%]
채권	40%	코세프 국고채10년 [20%], 아리랑 미국장기우량회사채 [20%]
대체투자	5%	타이거 미국MSCI리츠(합성 H) [5%]
현금성 자산	30%	타이거 단기채권액티브 [30%]

안정형 자산배분 전략을 매월 리밸런싱을 하는 식으로 백테스트를 한 결과는 다음의 그림과 같습니다. 누적 성과는 코스피200 TR이 348%인 데 비해, 안정형 자산배분 전략은 232%를 기록했습니다. 참고로 성장형 자산배분 전략이 345%를 기록했음을 감안할 때, 안정형 자산배분 전략의 성과와 꽤 차이가 납니다.

안정형 자산배분 전략의 성과

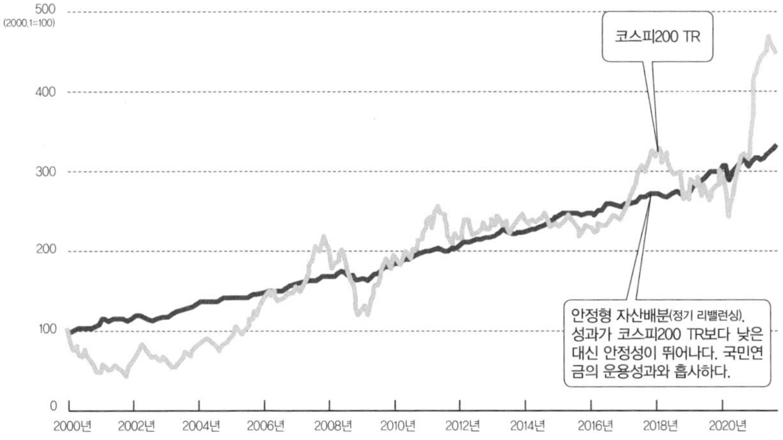

자료: 리치고 인베트스트먼트 작성

그러나 연 수익률의 변동성을 살펴보면 이 불만은 눈 녹듯 사라집니다. 코스피200 TR의 변동성이 21.7%인데 비해, 안정형 자산배분 전략의 변동성은 4.4%에 불과하며, 성장형 자산배분 전략(10.0%)의 절반에도 미치지 못하기 때문입니다.

이렇게 변동성이 낮으면 고점 대비 최대낙폭(MDD)도 제약될 것으로 기대됩니다. 다음의 그림을 보면, 2001년 9월에 발생한 동시다발 테러공격(9.11)과 2008년 글로벌 금융위기 당시 안정형 자산배분의 최대낙폭은 -3%와 -8%의 손실을 입었고, 연간 수익률로는 각각 6.4%와 -2.2%를 기록한 것으로 나타납니다. 참고로 2000년부터 연간 수익률을 계산해보면, 2008년(-2.2%)과 2018년(-0.4%)에만 손실을 입은 것으로 나타납니다.

이는 국민연금의 성과와 굉장히 비슷하죠. 국민연금도 2008년

안정형 자산배분 전략의 최대낙폭(MDD) 추이

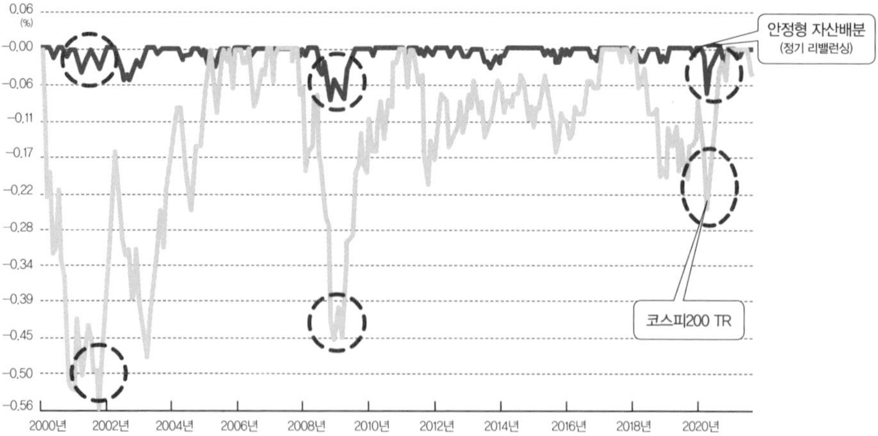

자료: 리치고 인베트스트먼트 작성

(-0.2%)과 2018년(-0.9%) 단 2년만 손실을 기록한 바 있기 때문입니다. 더 나아가 안정형 자산배분 전략의 연 평균 수익률이 5.7%인데, 1988년 국민연금의 설립 이후 연 평균 수익률은 6.2%입니다.[36]

안정형 자산배분 전략과 국민연금 수익률의 차이(0.5%포인트)는 운용 대상기간의 차이 때문인 것 같습니다. 연 10%의 금리를 제공하는 채권이 즐비하던 1990년대에는 국민연금의 운용성과가 지금보다 더 높은 게 당연하지 않겠습니까?

그런데 여기에서 소개한 안정형 자산배분 전략에 만족하는 이들도 있겠지만, "주식시장보다 크게 낮은 성과를 기록한 것에 만족하지 못하겠다"는 독자들도 있을 것 같습니다. 이런 성향을 가진 분들을 위한 중립형 자산배분 전략을 살펴보겠습니다.

---

36 국민연금공단(2021.8.25), "국민연금, 2021년 2분기 기금 적립금 900조원 돌파".

중립형 자산배분:
국내외 주식 35%

성장형의 높은 위험, 그리고 안정형의 낮은 성과에 만족하지 못하는 독자들에게는 '중립형' 자산배분 전략이 안성맞춤인 것 같습니다. 국내외 주식투자 비중이 35%라는 것에 먼저 눈이 가네요. 그리고 국내외 채권투자 비중도 35%로 균형을 맞춘 것 같습니다.

중립형 자산배분(퇴직연금용)

자산	비중	추천 투자상품
주식	35%	타이거 미국S&P500 [17.5%], 아리랑 신흥국MSCI(합성 H) [17.5%]
채권	35%	코세프 국고채10년 [17.5%], 아리랑 미국장기우량회사채 [17.5%]
대체투자	15%	타이거 미국MSCI리츠(합성 H) [15%]
현금성 자산	15%	타이거 단기채권액티브 [15%]

중립형 자산배분 전략을 매월 리밸런싱을 하는 조건으로 백테스트한 결과는 다음의 그림과 같습니다.

누적 성과는 코스피200 TR이 348%인 데 비해, 중립형 자산배분 전략은 311%를 기록했습니다. 참고로 성장형 자산배분 전략의 누적 성과가 345%, 그리고 안정형 자산배분 전략이 232%였음을 감안할 때, 중립형은 딱 중간에 속하는 것을 알 수 있습니다. 한편 수익률의 변동성을 비교하면, 코스피200 TR이 21.7%였던 데 비해 중립형은 7.1%입니다. 안정형이 4.4%, 성장형이 10.0%의 변동성을 기록했음을 감안하면 중립형의 특성을 금방 알 수 있습니다.

더 나아가 고점 대비 최대낙폭(MDD)도 비슷한 특성을 보여줍니다. 코스피200 TR의 최대낙폭이 55.9%인 데 비해, 중립형은 21.1%에 불과합니다. 참고로 안정형의 최대낙폭은 8.3%, 성장형은 32.3%를

중립형 자산배분 전략의 성과

자료: 리치고 인베트스트먼트 작성

중립형 자산배분 전략의 최대낙폭(MDD) 추이

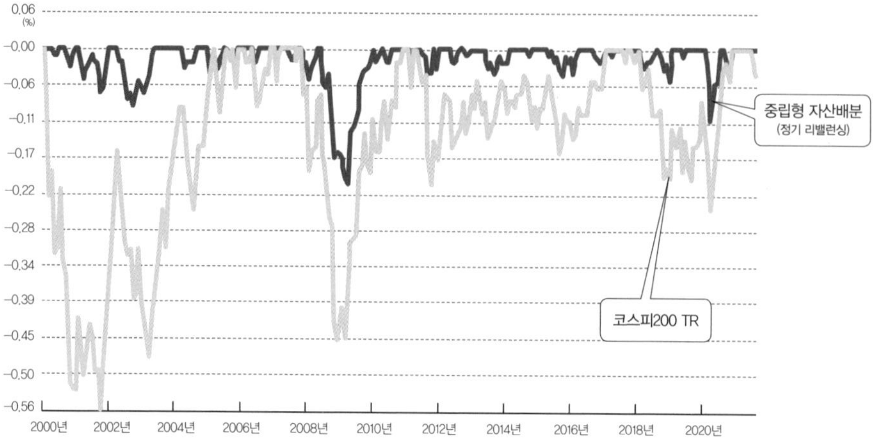

자료: 리치고 인베트스트먼트 작성

기록했죠.

중립형 자산배분은 이른바 '중위험·중수익 상품'의 특성을 지니고 있습니다. ELS 등이 대표적인 중위험 상품이라고 볼 수 있는데, 이런 상품을 선호하던 이들에게 좋은 대안이 될 수 있으리라 봅니다.

안정형/중립형/성장형 자산배분 전략의 성과 비교 기간: 2000~2021년

	누적 수익률	수익률 표준편차	최대낙폭 (MDD)
코스피200 TR	348%	21.7%	55.9%
안정형 자산배분	232%	4.4%	8.3%
중립형 자산배분	311%	7.1%	21.1%
성장형 자산배분	345%	10.0%	32.3%

자료: 리치고 인베트스트먼트 작성

수시 리밸런싱의 수익률이 더 좋다

리밸런싱을 하는 방법은 12장처럼 특정기간(매월 혹은 매 분기)에 정기적으로 하는 방법이 있고, 각 자산의 배분 비중이 목표를 크게 이탈할 때 시행하는 방법이 있습니다.

참고로 2021년 상반기 국민연금의 '국내주식 매도 이슈'는 두 번째 방식의 리밸런싱 문제와 관련이 있습니다. 2020년 말 국민연금의 전체 자산 834조원 중에서 국내주식은 177조원으로 비중이 21%를 넘어서고 있었죠. 그런데 2021년 말 국민연금의 국내주식 목표 비중이 16.8%였던 게 문제였습니다. 2020년 한국 증시가 급등하면서 전체 자산에서 차지하는 국내주식의 비중이 걷잡을 수 없이 높아졌고, 이는 국민연금의 '리밸런싱' 조건에 일치했던 것입니다.

정부가 나서서 리밸런싱 조건을 바꾸면서 국민연금의 국내주식 매도 공세가 다소 진정되기는 했지만, 앞으로도 주가의 급등락이 발생하는 경우에는 이와 비슷한 일이 얼마든지 벌어질 수 있다고 봅니다. 이런 식으로 진행되는 리밸런싱을 '수시 리밸런싱'이라고 합니다.

다음 그림은 두 가지 방식의 리밸런싱을 활용해 성장형 자산배분 전략을 실행한 성과입니다. 미세하게나마 '수시 리밸런싱'이 더 나은 성과를 기록하고 있습니다. 국민연금이 이런 방식으로 리밸런싱을 하는 이유를 어느 정도는 이해할 수 있죠. 2000년 이후의 성과를 백테스트를 해보면, 정기 리밸런싱의 경우 누적 성과가 345%인 반면, 수시 리밸런싱은 361%를 기록합니다. 고점 대비 최대낙폭도 32.3%에서 32.1%로 미세하게나마 개선되는 것을 볼 수 있습니다.

따라서 저는 수시 리밸런싱을 선호합니다. 그런데 이 부분에서 한 가지 문제가 있습니다. 수시 리밸런싱의 조건을 어떻게 설정해야 하느냐는 문제입니다.

성장형 자산배분 전략의 리밸런싱 방법에 따른 성과 차이

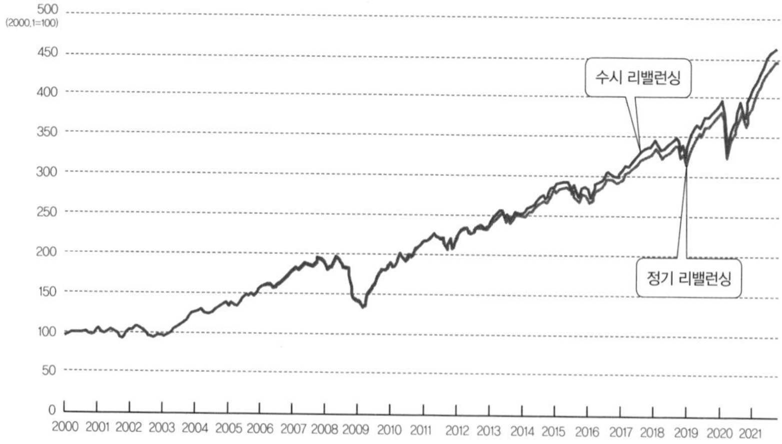

자료: 리치고 인베스트먼트 작성

수시 리밸런싱은 어떻게 해야 할까?

수시 리밸런싱을 시행한다고 가정할 때, 목표 비중에서 얼마나 이탈할 때 리밸런싱을 하는 것이 좋은지 살펴보겠습니다.

앞의 사례에서는 특정 자산이 목표 비중을 8%포인트 이상 이탈할 때 리밸런싱을 단행하는 것으로 가정했습니다. 그런데 이것이 가장 좋은 방법인지는 불분명합니다.

이 문제를 해결하기 위해 특정 자산의 목표 비중에서 각각 5%포인트와 8%포인트, 그리고 11%포인트가 이탈했을 때로 나눠, 성장형 자산배분 전략을 백테스트한 결과는 다음 쪽의 표와 같습니다.

한눈에 수시 리밸런싱이 정기 리밸런싱보다 우월하고, 수시 리밸런싱을 할 때에는 조건을 너무 타이트하게 하지 않는 것이 낫다는 것을 알 수 있습니다. 즉, 목표 비중에서 5%포인트 이탈할 때 리밸런싱을 하는 것보다는 8%포인트, 그리고 8%포인트보다는 11%포인트가 더 낫다는 이야기입니다.

물론 수익률의 차이는 미미하며, 위험이 아주 크게 줄어들지는 않습니다. 다만 표의 가장 끝 열에 표시된 것처럼, 매매회전율이 낮아지는 효과가 있는 것은 분명합니다. 그리고 매매가 적을수록 비용도 적게 들고 또 심리적인 부담도 줄어들 것입니다. 그래서 저는 8%포인트 이상 수준으로 특정 자산의 비중이 목표를 벗어날 때 리밸런싱을 하는 것을 추천합니다.

성장형 자산배분의 리밸런싱 조건별 성과 비교

기간: 2000~2021년

	누적 수익률	수익률 표준편차	최대낙폭 (MDD)	연 매매 회전율
정기 리밸런싱	345%	32.3%	32.3%	18.8%
수시 리밸런싱(5%)	351%	32.3%	32.3%	15.6%
수시 리밸런싱(8%)	361%	32.0%	32.1%	13.2%
수시 리밸런싱(11%)	369%	32.0%	32.0%	11.6%

개인도 이렇게 파고들어야 하나?

앞의 분석을 보면서 "이런 세계가 있구나" 하고 느끼는 투자자들이 있으리라 봅니다. 저는 수백억원부터 수백조원의 자산을 운용하는 일을 했기에, 자산운용에 대해 철저하게 파고드는 편입니다.

2019년 회사를 그만둔 다음부터는 철저하게 리밸런싱을 해내지는 못하고 있습니다. 1년에 두 차례 정도 자산가격이 급등락하는 경우에 리밸런싱을 할 뿐, 기계처럼 정확하게 리밸런싱을 할 엄두는 내지 못하고 있습니다.

자산운용업계에서 수십 년 일한 저도 철저하게 해내지 못하는 일을 개인투자자들이 알아서 하기는 대단히 어렵죠. 따라서 저는 두 가지 대안을 제시하고자 합니다.

첫 번째는 저처럼 설렁설렁 운용하는 것도 나쁜 전략이 아니라는 것입니다. 자산배분을 한다는 것만으로도 이미 굉장히 매력적인 투자

수단을 잡은 것이나 다름없는데다가, [Stage1]에서 배운 '탑-다운' 전략을 이용해 매매하는 것보다 품도 적게 들 테니까 말입니다.

또 다른 대안은 금융회사와 모바일 앱을 활용하는 것입니다. 삼성자산운용에서 개발한 코덱스200 미국채혼합(284430) 같은 상품을 매입해 간단하게나마 '한국 주식/미국 국채 분산투자'를 실행하는 것도 방법이며, 저도 개발에 참여한 '리치고 앱'을 이용해 리밸런싱의 타이밍을 알려주는 서비스를 활용하는 것도 방법이 될 것 같습니다. 그뿐만 아니라 앞으로 더욱 편리하게 자산배분을 하고 리밸런싱을 할 수 있는 방법이 개발되기를 바라는 마음 굴뚝 같습니다.

MONEY BOX

리치고 앱으로 한방에 자산배분과 리밸런싱을!

① 먼저 '리치고' 앱을 다운받아 설치하세요. 아이폰 사용자는 '앱 스토어'에서 "리치고"라고 검색해 다운받으면 되고, 안드로이드폰 사용자는 'Play 스토어'에서 검색하면 됩니다.

② 이제 리치고 앱을 연 후 화면의 아래 메뉴에서 〈투자 따라하기〉를 누르세요. 그런 다음 '투자상품' 메뉴에서 가장 위의 〈리치고 삶# 투자〉를 선택하세요.

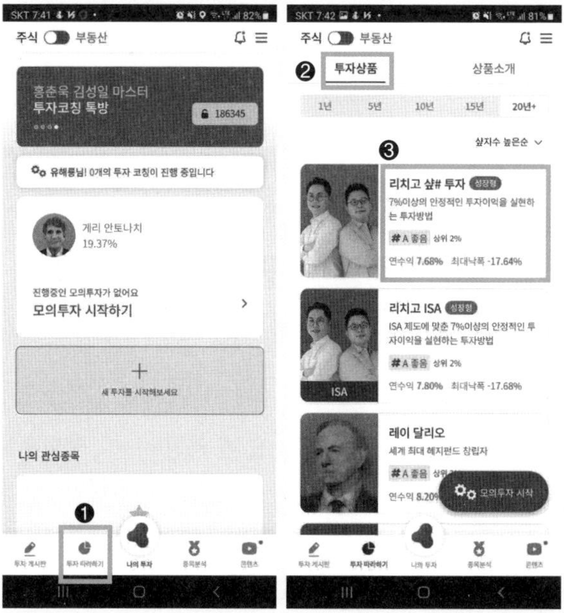

③ '리치고 샵# 투자' 화면이 열리면 〈종목〉 탭을 누르세요. 그러면 안정형, 중립형, 성장형, 공격형 등 투자성향을 선택할 수 있습니다. 여기서는 〈성장형〉을 선택해보겠습니다. 그러면 다음과 같은 포트폴리오를 볼 수 있습니다. 성장형은 주식 비중 50%, 채권 20%, 대체투자 20%, 그리고 현금 10%로 구성되어 있네요.

④ 화면 아래에서 '총 투자금액'을 입력하세요.

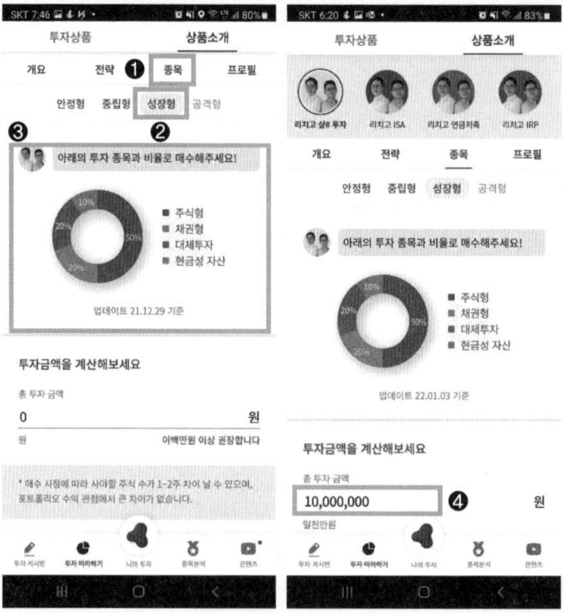

⑤ 이제 투자금액에 따라 이 책의 앞에서 소개한 다양한 ETF를 몇 주를 얼마에 주문해야 하는지 나옵니다. 예를 들어 내가 1천만원으로 '성장형' 자산배분을 하고 싶다면, 그에 맞는 다양한 ETF를 몇 주 사야 하는지, 얼마에 주문해야 하는지 한눈에 알 수 있습니다.

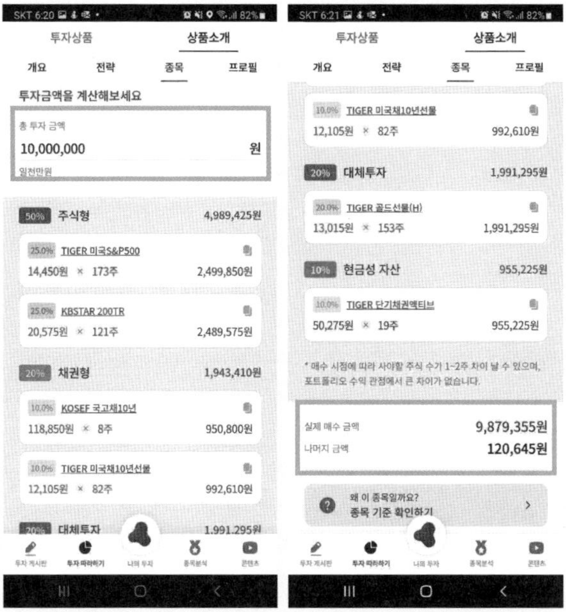

⑥ 앞에서 자산배분 후에 그대로 보유하지 않고, 신호가 올 때 수시 리밸런싱을 하면 수익률을 높이고 변동성과 고점 대비 최대낙폭을 줄일 수 있다고 했죠? 하지만 우리가 다양한 경제지표를 계속 체크하면서 리밸런싱을 하기는 쉽지 않습니다. 리치고 앱에서 설정을 해두면, 리밸런싱이 필요할 때에는 '알림'으로 얼마를 사고팔아야 하는지 알려주어 편리하게 이용할 수 있습니다.

참고로, 이 포트폴리오는 '일반계좌/ISA계좌'용인데, '리치고 연금저축' 혹은 '리치고 IRP(개인형퇴직연금)'를 선택해서 진행하면 이 책에서 소개한 것과 동일한 포트폴리오를 구성할 수 있습니다. 물론 일반계좌로 연금저축 혹은 IRP 포트폴리오대로 투자해도 아무 상관없습니다.

13장

해외 ETF를 활용한 자산배분은 어떻게?

국내 상장 ETF만으로는 아쉬운 '올웨더' 스타일 투자자라면

12장에서는 국내에 상장된 ETF만을 대상으로 자산배분 포트폴리오를 짰습니다만, 13장에서는 해외에 상장된 ETF를 포함한 자산배분을 해보려 합니다. 해외 상장 ETF의 장단점만 간단하게 설명하자면, 장점은 다양한 자산에 투자할 수 있고 적절하게만 배분하면 절세효과가 있다는 점입니다. 반면 단점은 불편하고 수수료가 상대적으로 더 많이 들 수 있다는 점입니다. 따라서 13장에서 소개하는 자산배분 포트폴리오는 100% 해외 상장 ETF로 구성하지 않고, 한국에서 대체하기 어려운 것만 해외 ETF로 대체한 스타일입니다.

해외 ETF를 활용한 자산배분 전략에서 가장 먼저 떠오르는 것은 '올웨더(ALL Weather)' 포트폴리오입니다. 세계적인 헤지펀드인 브리지워터를 이끌고 있는 레이 달리오가 유행시킨 전략으로도 유명합니다. 올웨더 전략의 핵심은 성장률과 인플레가 시장의 예상보다 높거나 낮을 때마다 수혜를 입는 자산군이 달라진다는 아이디어에서 출발합니다.

예를 들어 경제성장이 기대보다 높을 때에는 주식이나 회사채가 좋고, 반대로 경제성장이 부진할 때에는 국채가 좋습니다. 인플레가 기대보다 높을 때에는 원자재가 좋고, 인플레 압력이 생각보다 낮을 때에는 국채와 주식이 좋아진다고 하네요.

올웨더 스타일

경제성장이 기대보다 높을 때: 주식, 회사채
경제성장이 부진할 때: 국채
인플레가 기대보다 높을 때: 원자재
인플레가 생각보다 낮을 때: 국채, 주식

이 주장이 맞춰 비슷하게 만들면 다음과 같습니다.[37] 다만 올웨더랑은 꽤 다르니 '글로벌 성장형 자산배분' 전략이라고 부르겠습니다.

글로벌 성장형 자산배분

자산	비중	추천 투자상품
주식	40%	타이거 미국S&P500 [20%], EEM(iShares MSCI Emerging Markets) [20%]
채권	20%	코세프 국고채10년 [10%], 아리랑 미국장기우량회사채 [10%]
대체투자	20%	GLD(SPDR골드셰어스) [20%]
고수익 채권	20%	HYG(iSHares iBoxx High Yield Corporate Bond) [20%]

37 레이 달리오는 미국 사람이다 보니 주식 30%, 장기국채 40%, 중기국채 15%, 금 7.5%, 원자재 7.5% 포트폴리오를 추천했습니다. 그러나 우리는 한국에 살고 있으니 자산군을 다양하게 투자하는 식으로 변형했습니다.

주식 비중이 40%밖에 안 되지만, 대신 고수익채권과 대체자산에 각각 20%씩 투자합니다. 이처럼 다양한 자산군에 투자한다는 점은 '올웨더' 스타일이라고도 볼 수 있습니다. 그런데 아직 해외 ETF에 대해서는 백테스트 시스템이 갖춰져 있지 않아서, 연 평균 가격 기준으로 연 1회 리밸런싱을 하는 조건으로 백테스트를 한 결과는 다음의 그림과 같습니다.

2001~2020년 동안 코스피200 TR의 누적 성과는 288%인 반면, '글로벌 성장형 자산배분' 전략은 296%를 기록해 큰 차이가 없는 것으로 보입니다(연 환산 복리 수익률 기준 7.01% vs. 7.12%).

그러나 연 수익률의 표준편차를 비교하면, 각각 14.6%와 5.1%로 비교가 되지 않을 정도로 글로벌 성장형 자산배분 전략이 안정적입니다.

해외 ETF를 활용한 글로벌 성장형 자산배분 전략의 성과

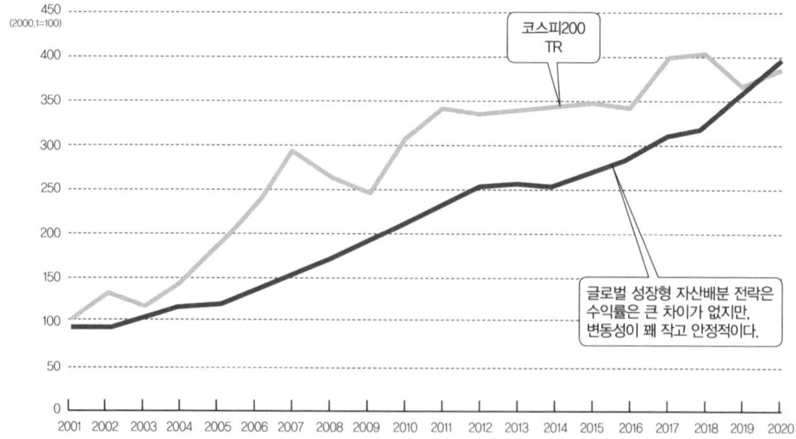

출처: 블룸버그, 에프앤가이드, 한국은행, 리치고 인베트스트먼트 작성

주식에 40%, 그리고 금과 고수익채권에 40%를 투자했는데도 이토록 변동성이 억제될 수 있다는 게 해외 ETF 편입의 매력이라 하겠습니다.

특히 20년이라는 긴 시간 동안 연 수익률이 마이너스를 기록한 게 두 번밖에 없었던 것이 눈에 띕니다. 반면 코스피는 6번이나 마이너스 성과를 기록했으니 손실 확률이 무려 30%에 이르는 셈입니다. 사실 이마저도 외환위기가 포함되었던 1990년대에 비해 많이 안정된 편이라는 것을 감안할 필요가 있겠죠.

글로벌 성장형 자산배분 전략의 두 번째 장점은 기간에 상관없이 안정적인 성과를 기록한다는 점입니다. 2009년 이후로 기간을 한정해 성과를 측정해봐도 연환산 복리 수익률 6.73%를 기록했으니, 글로벌 금융위기 이후의 장기 저성장 국면에서도 충분히 성과를 낸 것으로 볼 수 있습니다. 다음은 주식 투자비중이 30%에 그치는 글로벌 안정형 자산배분 전략에 대해 살펴보겠습니다.

은퇴를 준비하는 안정 성향의 투자자라면

주식 비중이 40%나 되고, 특히 고수익자산에 20%를 투자하는 '글로벌 성장형 자산배분' 전략에 대해 부담을 느끼는 투자자들이 많을 것으로 짐작됩니다.

이 문제를 완화하기 위해, 이번에는 주식 비중이 30%에 불과하고 각국 국채 투자 비중이 50%, 그리고 인프라 등 다양한 대체자산에 투자하는 '글로벌 안정형 자산배분' 포트폴리오를 제시하고자 합니다. 특히 은퇴를 준비하는 투자자들에게 이 전략이 상당히 매력적으로 보일 것 같습니다. 이후 자세히 설명하겠지만, 극단적으로 안정적이면서 수익률도 짭짤하기 때문입니다. 포트폴리오는 다음과 같습니다.

글로벌 안정형 자산배분

자산	비중	추천 투자상품
주식	30%	타이거 미국S&P500 [15%], EEM(iShares MSCI Emerging Markets) [15%]
채권	50%	코세프 국고채10년 [25%], 아리랑 미국장기우량회사채 [25%]
대체투자	20%	GLD(SPDR골드셰어스) [10%], IFRA(iShares US Infrastructure) [10%]

앞에서 소개했던 '글로벌 성장형 자산배분' 전략에서 가장 눈에 띈 부분이 고수익채권(HYG)이었다면, '글로벌 안정형 자산배분' 전략에서 가장 두드러지는 것은 인프라 펀드입니다.

IFRA(iShares US Infrastructure)는 파이프라인부터 다양한 도로와 다리까지, 사회간접자본에 투자해 통행료 등을 징수하는 펀드들로 구성된 ETF입니다. 물론 유가가 폭락하고 경기가 나빠지면 인프라 펀드도 힘듭니다만, 바이든 행정부가 미국의 사회간접자본에 대규모 투자를 단행하기로 결정하는 등 전반적인 분위기는 우호적으로 진행되는 것 같습니다.

다음의 그림은 2001~2020년을 대상으로 코스피지수와 글로벌 안정형 자산배분 전략의 성과를 보여줍니다. 코스피200 TR의 누적수익률은 288%이고, 글로벌 안정형 자산배분 전략은 197%입니다(연환산 복리 수익률 기준 7.01% vs. 5.60%). 그러나 연 수익률의 표준편차를 비교하면 14.6%와 4.8%로, 글로벌 안정형 자산배분 전략이 비교가 되지 않을 정도로 안정적입니다.

특히 20년이라는 긴 시간 동안 최악의 성과를 기록한 해(2014년)에

해외 ETF를 활용한 글로벌 안정형 자산배분 전략의 성과

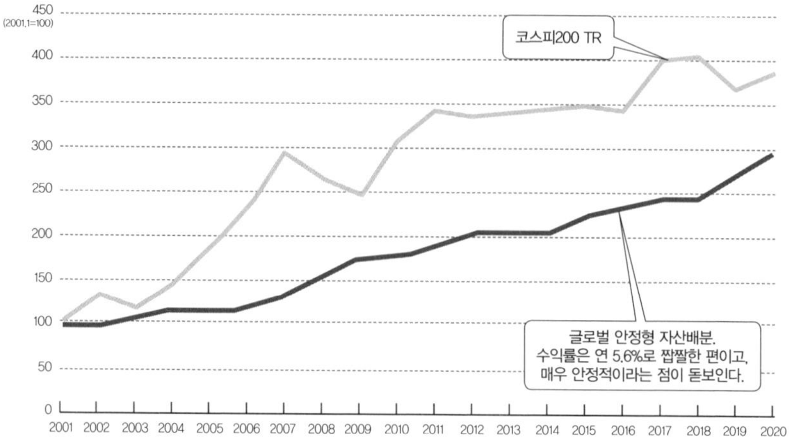

출처: 블룸버그, 에프앤가이드, 한국은행, 리치고 인베트스트먼트 작성

도 단 -0.6%의 손실에 그칠 정도로 안정적입니다. 이와 같은 특성은 은퇴를 앞둔 이에게 큰 도움이 될 수 있습니다.

연 5.6%의 성과를 꾸준히 내고, 마이너스 가능성이 대단히 낮은 '글로벌 안정형 자산배분' 전략에 돈을 넣고, 은퇴 이후에 사용하려는 연간 생활비를 인출하면 될 테니까 말입니다. 예를 들어 10억원을 운용하면, 연간 5,600만원을 생활비로 인출하더라도 운용자산의 규모는 그대로 유지될 것으로 기대됩니다.[38]

더 나아가 국민연금이나 퇴직금을 받는 경우까지 포함하면 활용도가 훨씬 높아집니다. 예를 들어 55세에 은퇴하려는 회사원 C씨가

---

38 글로벌 안정형 자산배분 전략이 지난 20년처럼 연 5%대 중반의 수익을 기록한다는 가정을 도입한 데에서 나온 결과로, 과거의 수익률이 미래의 성과를 보장해주는 것은 아님을 명심해야 한다.

65세부터는 연 2천만원의 연금 수령이 가능하다면, 그는 10억원보다 적은 돈으로도 얼마든지 노후를 꾸려갈 수 있습니다. C씨가 8억원 정도의 운용자산으로 55세부터 10년간 매년 5,600만원을 생활비로 인출한들 65세에는 6.5억원이 남아 있을 것이고, 이 자금을 운용한 연 3,600만원의 수익과 연금을 합하면 은퇴 이전 수준의 생활비를 쓸 수 있을 것입니다.

물론 이상은 여러 가지 가정을 도입한 것으로, 100% 신뢰할 수는 없습니다. 특히 나이가 들수록 필요한 생활비가 점점 줄어드는 분들이 많을 수 있기에, 사실 '저렇게 많은' 돈을 저축한 상태에서 은퇴할 이유도 없습니다. 그러나 워낙 '노후불안'이 이슈가 되다 보니 돌아가시는 순간까지도 원금이 훼손되지 않는 식으로 계산을 해 본 것임을 덧붙입니다.

한국 주택가격의 하락 위험을 헷지하고 싶은 투자자라면

해외 ETF를 활용한 자산배분 전략의 마지막은 '한국 아파트 가격의 하락 위험'을 잘 방어하고 싶은 분들에게 추천하는 포트폴리오입니다.

한국 부동산 시장은 매우 안정적인 시장이지만, 1997년이나 2013년처럼 급격한 하락을 기록한 적도 있다는 것이 부담이 되죠. 특히 2014년을 고비로 서울지역 아파트 가격이 8년째 오르다 보니, "서울 아파트가 버블 아니냐?"라는 질문을 하는 분들이 많습니다.

한국 부동산 시장의 조정 위험을 어떻게 하면 헷지할 수 있을까요? 주택을 파는 게 답이겠지만, 월세나 전세를 구해야 한다는 점에서 쉽지 않은 선택입니다. 이럴 때에는 미국 달러 자산, 그 가운데에서도 주식과 연관되는 자산에 투자를 하는 게 방법입니다.

다음의 그림은 지난 1986년 이후 서울 아파트 가격과 미국 S&P500 지수(원화 환산)의 관계를 보여줍니다. 1997년이나 2013년 같은 부동산

서울 아파트 가격과 미국 S&P500 지수의 관계

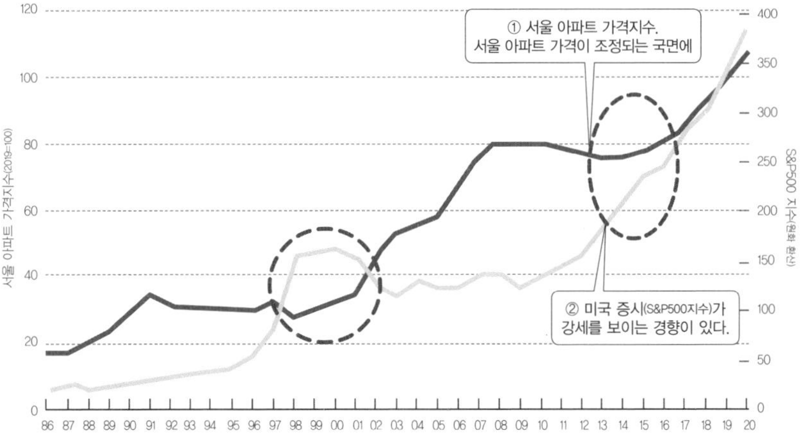

출처: 블룸버그, KB부동산, 리치고 인베트스트먼트 작성

조정 국면에 미국 주식시장이 강세를 보이는 것을 발견할 수 있습니다.

이런 현상이 나타나는 이유는 무엇보다 우리 경제 여건이 어려울 때 집값이 빠지기 쉽고, 이때 달러에 대한 원화 환율이 상승하기 때문일 것입니다. 그리고 주식과 부동산의 사이클이 서로 달라서, 한국 부동산이 좋을 때 미국 주식시장이 상대적으로 부진한 등 서로 역(—)의 상관관계를 형성하는 것 같습니다.

이상과 같은 특성을 고려하여 다음과 같이 자산배분을 해보았습니다. 한마디로 요약하자면, 서울 아파트 가격의 위험을 헷지할 수 있는 '종합 자산배분' 전략입니다.

종합 자산배분

자산	비중	투자상품
서울 아파트	50%	
주식	30%	타이거 미국 S&P500 [30%]
채권	10%	아리랑 미국 장기우량회사채 [10%]
대체투자	10%	GLD(SPDR골드셰어스) [10%]

다음의 그림은 2001~2020년 서울 아파트와 '종합 자산배분' 전략의 성과를 보여줍니다. 서울 아파트는 204%, 종합자산 배분 전략은 215%의 성과를 올렸습니다(연환산 복리 수익률 기준 5.73% vs. 5.90%). 그러나 연 수익률의 표준편차는 8.4%와 3.9%로 '종합 자산배분' 전략이 훨씬 안정적입니다. 20년이라는 긴 시간 동안 딱 한 번만 마이너스 성과(2005년 -0.6%)를 기록할 정도입니다.

서울 아파트와 종합 자산배분 전략의 성과

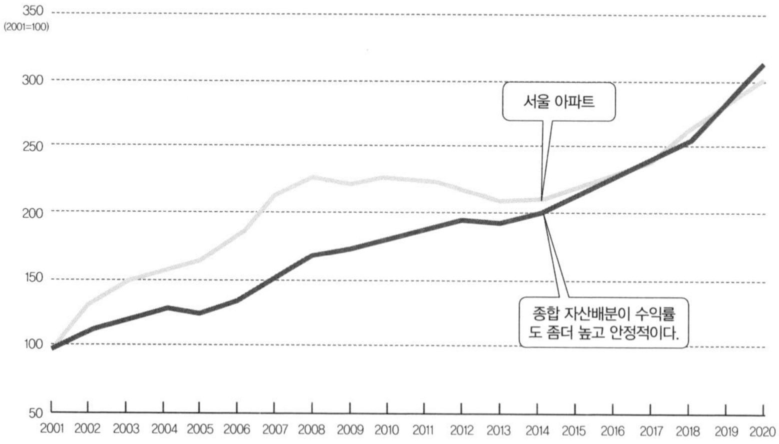

출처: 블룸버그, 에프앤가이드, 한국은행, KB부동산, 리치고 인베스트먼트 작성

주택에 '올-인' 한 가계를 위한 자산배분 전략은?

그런데 한 가지 문제가 더 있습니다. 그것은 다름이 아니라, 한국 가계의 전체 자산배분에서 주택 비중이 평균 70%라는 점입니다.[39] 이처럼 전체 자산에서 차지하는 부동산의 비중이 압도적으로 높을 때에는 어떻게 해야 할까요?

원칙이 정해져 있으니 크게 어려울 게 없습니다. 잔여 자산(30%)의 대부분을 미국 주식에 투자하는 한편, 미국 주식시장과 상관관계가 낮은 국채와 금에도 일부 투자하는 게 좋습니다. 앞의 '종합 자산배분' 전략과 거의 비슷하지만 세부 비중만 차이가 있어서 '종합 자산배분 2'로 이름을 붙였습니다.

---

39 한국은행 · 금융감독원 · 통계청(2021.12.16), "2021년 가계금융복지조사 결과".

종합 자산배분 2

자산	비중	투자상품
서울 아파트	70%	
주식	20%	타이거 미국 S&P500 [20%]
채권	5%	아리랑 미국 장기우량회사채 [5%]
대체투자	5%	GLD(SPDR골드셰어스) [5%]

2001~2020년 서울 아파트와 '종합 자산배분 2'의 성과를 보면 각각 204%와 210%입니다(연환산 복리 수익률 기준 5.73% vs. 5.83%). 그러나 연수익률의 표준편차는 8.4%와 5.1%로 차이가 큽니다. 특히 '종합 자산배분 2'의 경우 20년 동안 딱 한 번만 마이너스 성과(2013년 -0.5%)를 기록할 정도로 안정적입니다. 따라서 서울 집값의 급락 가능성을 대비한다면 달러 자산에 대한 투자 비중을 높여가는 게 바람직할 것입니다.

서울 아파트와 '종합 자산배분 2' 전략의 성과

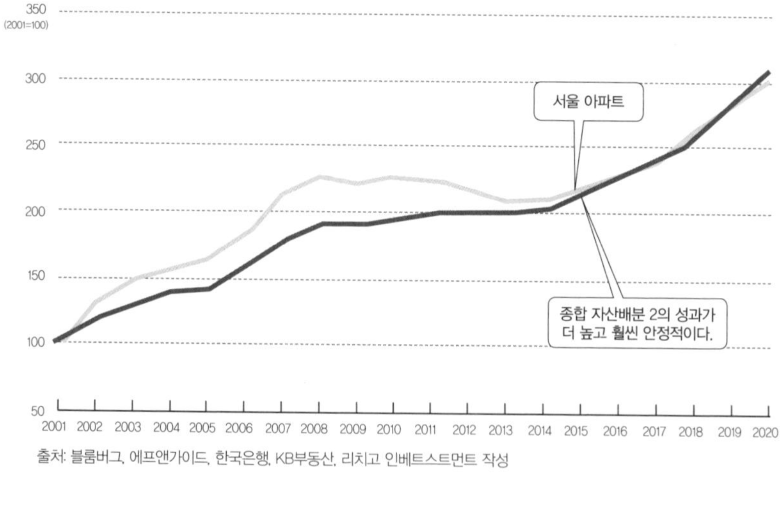

출처: 블룸버그, 에프앤가이드, 한국은행, KB부동산, 리치고 인베트스트먼트 작성

MONEY BOX

왜 SPDR골드셰어스에 투자하나?

13장에서 해외 상장 ETF를 중점적으로 설명했는데, 한국에도 상장되어 있는 다양한 골드선물(H)이 아닌 'SPDR골드셰어스(GLD)'를 선택한 이유가 궁금한 분들이 있을 것 같습니다.

그 이유는 (H) 표시 때문인데, 이는 환율의 변동을 헷지(Hedge) 했다는 뜻입니다. 달러에 대한 원화 환율의 변화를 억제한다는 점에서 이를 좋게 보는 투자자들도 있겠지만, 저는 (H) 표시가 붙지 않은 상품을 선호합니다. 왜냐하면 우리 경제가 어려울 때마다 달러가 강세를 보이는 경향이 있어서, 환율 변동을 헷지하지 않는 게 전체 자산배분의 효과를 더 높이기 때문입니다.

다음의 그림은 환율 변동을 헷지하지 않은 금 가격의 변화와 한국 주식시장의 관계를 보여줍니다. 금 가격과 한국의 주식시장은 둘 다 우상향하기는 하지만, 음(-)의 상관관계를 가지고 있음을 발견할 수 있습니다.

즉, 금 가격이 상승하는 때에는 한국 주식시장이 하락하는 경향이 있고, 금

가격이 하락할 때에는 그 반대인 경우가 많습니다.

따라서 한국 투자자는 한국에 상장되어 있는 골드선물 상품보다는 미국에 상장된 GLD 등의 상품에 투자하는 게 더 나은 자산배분의 효과를 누릴 수 있을 것입니다.

1986년 이후 코스피지수와 국제 금 가격 추이

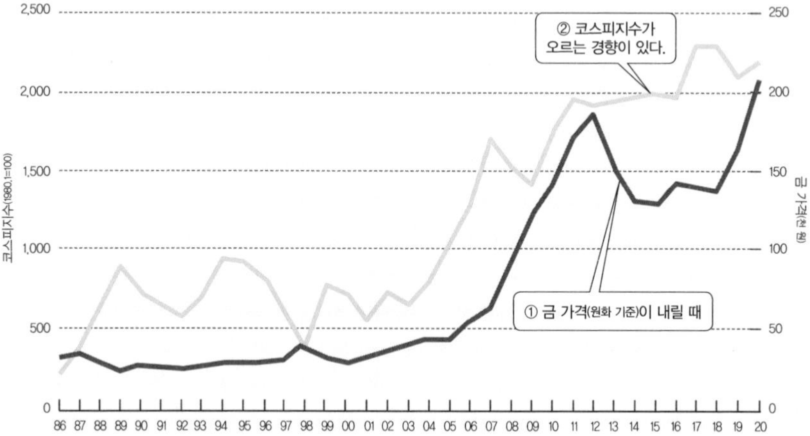

출처: 블룸버그, 한국은행, 리치고 인베트스트먼트 작성

APPENDIX

투자할 때 알아두면 좋은 경제 이야기

탑-다운 전략을 시행하다 보면, "한국은 앞으로도 수출국가로 살아남을 수 있을까?", 혹은 "미국 국채가 아니라 중국 국채를 사둬야 하는 것 아닌가?" 등 직접 투자하는 데 도움은 안 되지만, 괜히 찜찜하게 느껴지는 부분이 떠오르곤 합니다. [부록]에서는 이 궁금증을 말끔하게 풀어드립니다.

[A. 1]

미국 국채에 주목하는 이유는?

미국 국채를 스위칭 대상으로 선정한 이유는?

3장을 보면, 우리나라의 수출증가율이 3개월 연속 개선될 때, 미국 국채를 팔고 한국 주식을 사는 전략을 소개합니다. 아마 "왜 미국 국채인가? 현금을 보유하다 한국 주식을 매입하면 안 되는가?"라는 의문을 가진 독자들이 있을 것 같습니다.

이 의문은 다음 쪽의 그림을 보면 해결됩니다. 다음 쪽의 그림은 1981년 이후 미국 국채와 한국 주식의 관계를 보여주는데, 마치 데칼코마니처럼 보입니다. 데칼코마니란 스케치북의 한쪽에 물감을 뿌린 후 접었다 펼치면 반대쪽에 서로 상반된 모양의 그림이 만들어지는 현상을 뜻하죠.

이처럼 서로 반대 방향으로 움직이는 자산 짝은 '매도/매수' 전략을 펼치기에 적합합니다. 왜냐하면 한국 주식을 사야 할 정도로 수출이 늘고 경기가 좋아지는 시기는 경기가 굉장히 나빴다가 좋아질 때

미국 국채와 한국 주식의 장기 성과

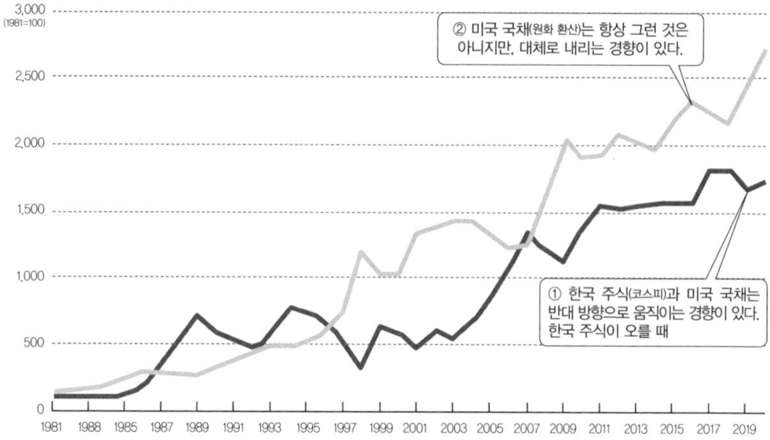

자료: 블룸버그, 한국은행, 리치고 인베트스트먼트 작성

이니, 경기가 나쁠 때 수익이 나는 자산(=미국 국채)을 보유했다가 차익을 실현해 한국 주식을 매입하면 불황이나 호황과 상관없이 돈을 벌 수 있기 때문입니다.

미국 국채는 한국 주식과 반대로 움직일 뿐만 아니라 세계에서 가장 거래가 잘되는 투자자산이라는 점도 매력 포인트입니다. 미국 국채의 발행량을 조사해 보면, 2020년 말 기준으로 무려 14조 달러에 육박합니다. 2020년 세계 10대 경제대국으로 부상한 한국의 GDP가 2조 달러에 미치지 못하는 것을 감안할 때, 미국 국채시장이 얼마나 큰지 알 수 있습니다. 따라서 미국 국채는 언제 어느 때라도 손쉽게 매매할 수 있습니다. 국내에 미국 국채에 투자하는 ETF가 상장된 것은 물론, 해외증권 계좌를 열어 밤 늦게도 미국 국채에 투자하는 ETF를 매매할 수 있다는 점이 큰 매력 포인트입니다.

미국 국채와 한국 주식이 반대로 움직이는 이유는? 환율 때문!

이제 화제를 바꿔, 한국 주식과 미국 국채가 반대로 움직이는 이유를 살펴보겠습니다. 여러 요인 중에서 가장 결정적인 것은 한국의 원화가 매우 위험한 통화라는 사실 때문입니다.

4장의 '채찍효과' 부분에서 자세히 다룬 것처럼, 한국 경제의 변동성이 워낙 크고 바람 잘 날 없다 보니 금융시장에서 한국 원화는 '위험자산'으로 간주됩니다.

다음 쪽의 그림은 미국의 '매출액 대비 재고비율'과 달러/원 환율을 보여줍니다. 미국 경기가 나빠져 미국의 '매출액 대비 재고비율'이 상승할 때마다 달러/원 환율이 급등하는 것을 발견할 수 있습니다.

이런 현상이 벌어지는 이유는 미국 기업의 재고 수준이 높아질 때마다 한국에 대한 주문이 줄어들며, 이로 인해 한국 수출이 부진해지고 기업실적이 악화될 위험이 높아질 것이기 때문입니다. 따라서 달

미국의 '매출액 대비 재고비율'과 달러/원 환율 추이

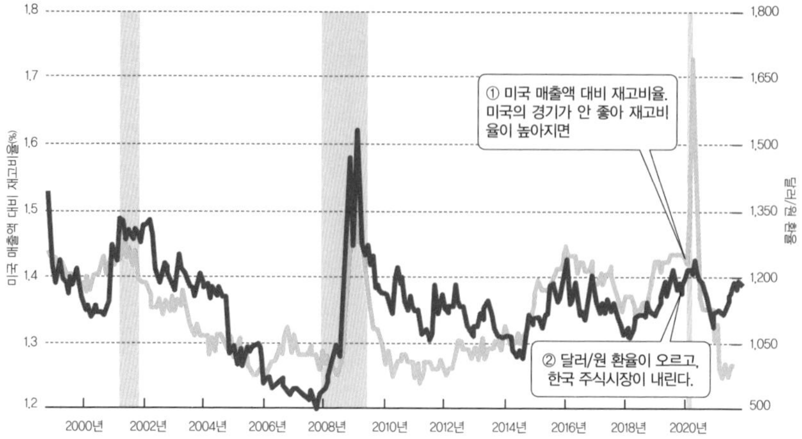

자료: 세인트루이스 연방은행, 리치고 인베트스트먼트 작성

러 채권의 가격은 한국의 수출액 및 주가와 반대로 움직일 가능성이 높습니다.

불황에 강한 미국 국채의 특성을 기억하자

미국 국채와 한국 주식이 반대로 움직이는 데에는 우리의 환율뿐만 아니라 미국 국채의 '안전자산'으로서의 특성도 영향을 미칩니다. 글로벌 금융시장 참가자들은 불황이 올 때, 주식이나 부동산 같은 실물자산의 가격이 폭락할 것이라는 점을 잘 알고 있습니다. 그러면 어디에 보험을 가입해야 불황을 견딜 수 있을까요?

여러 자산이 후보로 떠오르지만, 첫손에 꼽는 것은 미국 국채입니다. 다음의 그림에서 보듯, OECD 경기선행지수(CLI)가 하락할 때마다 미국 국채가격이 상승하는 경향이 있습니다. 이는 미국 국채는 기축통화국인 미국 정부가 발행한 채권이다 보니, 불황이 오더라도 안전할 것이라는 기대가 높아지기 때문입니다. 또한 불황이 시작되면서 수익률은 낮지만 안전한 자산에 대한 선호가 높아지기 때문이기도 합니다.

반대로 호황이 시작되면 미국 국채의 인기는 떨어집니다. 호황에

미국 국채가격과 OECD 경기선행지수(CLI)의 관계

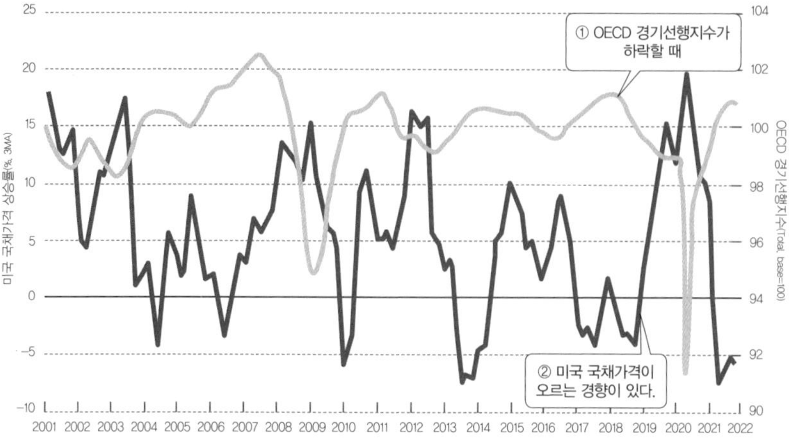

자료: 블룸버그, OECD, 리치고 인베트스트먼트 작성

는 파산할 기업이나 나라가 드물 것이니, 더 높은 금리를 주는 나라의 국채로 수요가 이동할 여지가 생기죠. 더 나아가 소비가 살아나고 기업실적이 좋아지며 주식이나 부동산 가격이 상승세로 돌아서는 것도 미국 국채의 인기가 떨어지는 요인이 됩니다. 또한 물가상승으로 채권의 실질금리가 떨어지는 것도 문제가 됩니다. 물가 상승률이 5%인데 미국 국채금리가 3%라면, 실질금리는 마이너스 2%인 셈이니까요.

이런 연유로 미국 국채는 불황에 강하고, 호황에 약한 자산의 특성을 가지게 됩니다. 한국인 입장에서 보면, 호황에는 달러/원 환율의 하락과 미국 국채로부터의 자금 유출로 미국 국채가격이 하락하며, 반대로 불황에는 달러가치의 상승과 안전자산을 찾는 수요로 미국 국채가격이 오릅니다. 따라서 한국의 탑-다운 투자자들은 미국 국채에 항상 관심을 기울여야 합니다.

[A. 2]

채찍효과가 지속될 수 있을까?

수출 말고 내수 주도 성장은 불가능할까?

선진국 소비자들의 사소한 수요 변화도 한국 같은 제조공업국가의 수출에 막대한 영향을 미친다는 사실을 알고 난 다음, "앞으로도 이런 현상이 지속될 것인가?"라는 질문을 던지는 독자들이 있으리라 생각됩니다.

저는 적어도 5~10년 정도는 채찍효과의 영향력이 강화될 가능성이 높다고 봅니다. 이렇게 판단하는 첫 번째 이유는 1997년 외환위기 이후의 구조적인 변화 때문입니다.

외환위기 이전, 한국 경제는 내수 위주의 경제성장이 가능해질 것처럼 보였습니다. 1인당 국민소득 1만 달러의 벽을 돌파하면서 집집마다 자가용을 갖기 시작했고, 텔레비전 등 대부분의 가전제품 보급률이 100%에 근접했습니다. 소비 붐이 가능했던 이유는 강력한 임금 상승 때문이었습니다. 1994년 한국 중소기업(10~29명 고용 기업 기준)의 연간 임금 상승률이 22.1%에 이르렀으니까요.[40] 1993년과 1994년 소비자물가 상승률이 각각 4.8%와 6.3%였음을 감안하면, 실질임금 상승률이 16% 이상이었던 셈입니다.

이렇게 가파른 임금 상승이 나타났던 것은 1980년대 후반 민주화로 노동조합의 힘이 강해진데다, 생산직 근로자들의 인력 부족 현상이 대단히 심각했기 때문입니다. 직장을 찾는 구직자 대비 기업 구인자의 비율을 보면, 1994년에 무려 2.24배에 이르렀습니다. 한마디로 말해 구직자 한 명당 2개 이상의 일자리들이 경쟁한 셈입니다. 이러니 임금을 올려주지 않을 수 없었죠.

그러나 이 흐름은 1997년 갑작스럽게 끝나고 말았습니다. 외환위기가 발생하면서 30대 대기업 중에서 11개만 살아남는 극심한 불황이 찾아왔기 때문입니다. 한때 국내총생산(GDP)의 60%에 이르던 민간소비의 비중은 급격히 감소했습니다. 1998년에는 GDP 대비 민간소비 비중이 48.9%까지 내려갔으니, 내수기업들의 고통은 이루 말할 수 없었습니다. 그러나 외환위기는 수출기업들에는 두 가지 의미에서 매우 큰 기회이기도 했습니다.

가장 직접적인 요인은 환율 상승이었습니다. 달러/원 환율(평균)이 1996년 804.8원에서 1998년 1,398.9원으로 상승했으니, 수출기업의 경쟁력이 개선되지 않을 수 없었죠. 예를 들어 10달러에 팔던 메모리 반도체를 이제는 6달러에 팔아도 충분히 수지가 맞는 상황이 출현한

---

40 요코타 노부코(2020), 『한국 노동시장의 해부』, 그린비, 134쪽.

것입니다.

수출기업이 누린 이익은 이것만이 아니었습니다. 주식 및 채권시장이 완전 개방되면서 경쟁력이 있는 수출기업은 자금을 예전보다 훨씬 쉽게 조달할 수 있게 되었습니다. 1999년 한 해에만 기업들은 기업공개(IPO, 기업상장)와 증자를 통해 시가총액의 9%에 가까운 자금을 조달할 수 있었고, 연평균 회사채 금리는 1998년 15.1%에서 1999년 8.9%로, 그리고 2001년 7.1%까지 떨어졌습니다.

그 결과, 한국 경제는 일종의 구조적인 변화를 경험했습니다. 수출기업은 강력한 경쟁력을 가지게 된 반면, 내수시장에서는 월마트나 까르푸 등 해외의 거대 유통기업이 진입해 치열한 경쟁이 펼쳐지기 시작했던 것입니다.

가장 대표적인 사례가 온라인 쇼핑 비중입니다. 2021년 9월 말 현재 한국은 소매판매에서 온라인 쇼핑의 비중이 27.6%를 차지하는 데 비해, 미국의 온라인 쇼핑 점유율은 13.0%에 불과합니다.[41] 이렇듯 한국 소매시장이 신속하게 변한 것은 결국 시장개방 및 중소 소매업자의 몰락에서 원인을 찾을 수 있을 것입니다.

물론 시장개방이 우리 경제에 부정적 영향만 미친 것은 아닙니다. 때마침 시작된 정보통신혁명 흐름 속에 무선통신기기와 반도체 부문에서 수출기업들의 경쟁력이 크게 강화되었습니다. 현대전자와 팬택

---

41 통계청(2021.11.3), "2021년 9월 온라인 쇼핑 동향 및 3/4분기 온라인 해외 직접 판매 및 구매 동향".

등 수많은 기업이 쓰러졌지만, 대신 삼성전자나 SK하이닉스, LG화학처럼 첨단 정보통신 산업에서 세계적인 영향력을 행사하는 기업이 역사상 처음으로 출현하는 계기가 마련되었습니다.

한국이 세계 5대 제조업 국가로 올라선 것은 1997년 외환위기 이후 시작된 강력한 '경쟁 압력' 덕을 보았다고 할 수 있습니다. 따라서 지금 내수 주도의 경제성장을 이야기하기는 어려운 면이 있는 것 같습니다. 세계시장에서 한국의 점유율이 올라가는 가운데, 민간소비의 비중이 지속적으로 줄어들고 있기 때문입니다.

한국의 경쟁력이 유지될 수 있을까?

"지금까지는 잘했지만, 앞으로도 수출이 잘나간다는 보장이 있느냐?"는 의문이 제기될 수 있습니다. 이 의문에 답하기 위해서는 두 가지 요인을 살펴보아야 합니다. 하나는 한국 경제의 경쟁력이 계속 강화될 수 있는지, 다른 하나는 중국의 추격이 더욱 가속화되어 결국 역전될 것인지에 대한 고민을 해야 합니다.

먼저 한국의 경쟁력 문제에 대해서 이야기하자면, 앞으로 5~10년 정도는 큰 문제가 없지 않을까 싶습니다. 5~10년이라는 기한을 설정하는 이유는 '정치문제' 때문입니다. 한국은 경기에 못지않게 정치권력의 균형이 크게 요동치는 나라이니, 수출경쟁력을 약화시키는 정책이 지속적으로 시행된다면 5~10년 뒤에는 어떤 일이 벌어질지 모릅니다. 수출경쟁력의 지속적인 강화를 위해서는 세 가지 요인이 중요합니다. 첫 번째는 지속적인 교육투자, 두 번째는 기업의 기술개발(R&D) 노력,

그리고 마지막은 경쟁 압력입니다.

세 가지 요인 중에서 가장 긍정적인 부분은 역시 교육입니다. OECD 주요 선진국의 3세 아동을 대상으로 한 교육 참여율 조사에서 한국이 압도적인 1위를 했습니다.[42] 물론 어린 아이들을 교육경쟁에 밀어 넣는 것은 너무 과하지 않느냐는 주장이 있지만, 최근 학계의 연구에 따르면 초등 입학 전 교육이 일생에 걸쳐 결정적 차이를 일으킨다고 합니다.[43]

2011년 소득 상위 10%와 하위 10%를 대상으로 한 미국 스탠퍼드대학의 연구에 따르면, 수학과 읽기 능력은 6세에 이미 상당한 격차를 보이며, 이 격차는 줄어들지 않는다고 합니다. 더 나아가 캘리포니아대학 로스앤젤레스 분교(UCLA) 연구자들은 취학 전 아동의 교육능력 격차의 발생 원인을 부유한 부모의 사교육 열풍에서 찾습니다. 미국 등 선진국에서 발생하는 불평등의 상당부분은 취학 이전 아동을 대상으로 한 교육에서 설명되는 셈입니다. 이런 면에서 볼 때, 한국의 가계는 선견지명을 가지고 있다고 볼 수 있습니다. 취학 전 아동을 대상으로 열정적으로 교육을 시키는 한편 66.5%의 가계가 사교육에 돈을 쓰고 있으니 말입니다.[44]

교육에 못지않게 투자가 열정적으로 이뤄지는 곳은 기업의 기술

---

42 T OECD(2021), "Education at a Glance 2020"의 'Figure B2.1 Enrolment rates of children under the age of 3 in early childhood education and care' 참조.

43 The Economist(2016.6.25), "A running start".

44 통계청(2021.3.9), "2020년 초중고 사교육비 조사결과".

개발입니다. 한국 기업들은 강력한 경쟁 압력 속에서 세계에서 두 번째로 높은 GDP 대비 기술개발 비용을 지출하고 있습니다. 참고로 세계 1위는 이스라엘인데, 금액 기준으로는 한국이 89조원으로 OECD 국가 중에서 5위를 차지합니다.[45] 이 덕분에 블룸버그가 매년 조사해 발표하는 '세계혁신지수'에서 한국은 지난 8년 중에서 7번이나 1위를 차지했죠.[46] 세계혁신지수는 ① 연구개발 집중도(R&D Intensity), ② 제조업 부가가치(Manufacturing Value-added), ③ 생산성(Productivity), ④ 첨단기술 집중도(High-tech Density), ⑤ 고등교육 효율성(Tertiary Efficiency), ⑥ 연구자 집중도(Researcher Concentration), ⑦ 특허활동(Patent Activity) 등의 지표를 합산한 것입니다. 이 가운데에서 한국은 특허활동에서 세계 1위, 그리고 제조업 부가가치 면에서 아일랜드에 이어 세계 2위, 기술개발 투자에서는 이스라엘에 이어 세계 2위를 차지했습니다.

여기까지 보면 한국의 경쟁력이 약화될 일은 없을 것 같습니다만, 마지막 '경쟁 압력' 면에서는 걱정스러운 일이 적지 않습니다. 경쟁 압력이란 각 업종 간의 장벽을 제거하고, 시장을 개방해 기업들이 치열한 경쟁에 노출되도록 만드는 것입니다.

물론 경쟁과정에서 많은 기업들이 패퇴합니다만, 대신 소비자들의 만족도가 높아지는 것은 물론 글로벌 경쟁력을 갖춘 기업들이 등장하게 됩니다. 그러나 최근 우리 경제에서 이런 현상을 관찰하기 어렵

---

45 헬로디디(길애경, 2020.12.9), "韓 연구개발 투자 89조원 세계 5위… GDP 대비 2위".

46 Bloomberg(2021.2), "South Korea Leads World in Innovation as U.S. Exits Top Ten".

2021년 블룸버그 혁신지수 순위

2021년 순위	2020년 순위	전년 대비 증감	국가	종합 점수	연구 개발 집중도	제조업 부가 가치	생산성	첨단 기술 집중도	고등 교육 효율성	연구자 집중도	특허 활동
1	2	+1	대한민국	90.49	2	2	36	4	13	3	1
2	3	+1	싱가포르	87.76	17	3	6	18	1	13	4
3	4	+1	스위스	87.60	3	5	7	11	15	4	18
4	1	−3	독일	86.45	7	6	20	3	23	12	14
5	5	0	스웨덴	86.39	4	21	12	6	7	7	21
6	8	+2	덴마크	86.12	8	17	3	8	22	2	23
7	6	−1	이스라엘	85.50	1	30	18	5	34	1	8
8	7	−1	핀란드	84.86	11	12	17	13	14	10	10
9	13	+4	네덜란드	84.29	14	26	14	7	25	8	9
10	11	+1	오스트리아	83.93	6	9	15	23	16	9	15
11	9	−2	미국	83.59	9	24	5	1	47	32	2
12	12	0	일본	82.86	5	7	37	10	36	18	11
13	10	−3	프랑스	81.73	12	39	12	2	26	21	16
14	14	0	벨기에	80.75	10	23	16	15	43	14	13
15	17	+2	노르웨이	80.70	15	49	4	14	5	11	24
16	15	−1	중국	79.56	13	20	45	9	17	39	3
17	16	−1	아일랜드	79.41	35	1	2	12	42	17	39
18	18	0	영국	77.20	21	44	25	17	4	20	22
19	20	+1	호주	76.81	20	55	8	16	10	31	7
20	19	−1	이탈리아	76.73	26	15	28	21	41	25	12

자료: 블룸버그, 리치고 인베스트먼트 작성

습니다. 가장 대표적인 사례로 '타다 사태'를 들 수 있을 것 같습니다.[47]

타다는 기존 택시의 부실한 서비스에 불만을 느끼던 젊은 직장인을 중심으로 인기를 얻었습니다. 모바일 앱을 이용해 차량을 자동으

47 IT동아(김대은, 2021.6.27), "타다 금지법 이후의 타다는 어떻게 되었을까".

로 배차하고, 요금 납부는 이동시간 및 거리에 따라 자동으로 청구되는 등 매우 편리했기 때문이죠. 그러나 국내 택시업계의 반발이 계속되면서 결국 서비스를 종료하기에 이르렀습니다. 국회에서 여객자동차 운수사업법을 일부 개정해, 렌터카를 6시간 이상 대여하거나 항만·공항에서 탑승해야만 운전기사를 알선할 수 있도록 바꾼 것입니다. 이러한 법안에 대해 공정거래위원회가 반대의견을 내고 스타트업 업계에서도 우려하는 목소리가 높았으나, 2020년 3월 해당 법안이 최종 통과되어 타다 서비스를 더 이상 이용할 수 없게 되었습니다.

물론 '토스'라는 금융서비스 앱으로 유명한 비바리퍼블리카가 타다를 인수함으로써 새롭게 대형택시 서비스를 이어갈 수 있게 되긴 했습니다.[48] 그러나 '타다 사태'는 우리 경제 내에 존재하는 강력한 '칸막이'를 확인하는 계기가 되었습니다. 합법적으로 활동하던 스타트업이 새로운 법의 개정으로 사업의 길이 막혀버리는 것을 보면서, 새로운 사업을 준비하던 이들이 용기를 잃어버렸을지도 모릅니다. 아무리 혁신적이고 편리한 서비스를 들고 나오더라도, 기존 시장의 사업자들이 반발하는 경우에는 언제든 사업을 접어야 할 수 있으니 말입니다.

따라서 앞으로 한국 정책당국의 태도가 매우 중요하다고 생각합니다. 혁신성장의 생태계를 활성화하는 방향으로 움직일 것인지, 아니면 기존 시장의 참여자들을 보호하는 방향으로 움직일 것인지에 따라 한국의 경쟁력은 크게 변화할 수 있으니까 말입니다.

---

48 조선비즈(장우정, 2021.10.12), "타다 인수한 토스, 12월 '대형택시'로 카카오에 도전장".

중국의 진격이 지속될까?

한국 수출산업의 경쟁력 문제는 이 정도로 마무리하고, 중국의 약진 문제에 대해 살펴보겠습니다. 디스플레이와 이차전지 부문에서 중국은 대단히 가파른 속도로 성장했고, 또 한국 기업의 지위를 위협하고 있습니다.

그러나 전반적으로 놓고 볼 때, 중국 경제는 성장 탄력이 점점 둔화되는 시기에 도달한 징후가 보입니다. 이처럼 가파르게 성장하던 신흥국이 어떤 소득수준(1인당 국민소득 1만 달러 내외)에서 벽에 봉착하는 것을 '중진국 함정(Middle-income Trap)'이라고 합니다. 세계은행의 분석에 따르면, 1960년 101개의 중간 소득(Middle-income) 국가 중에서 2008년 기준 오직 13개 나라만이 고소득 국가로 발전할 수 있었다고 합니다.[49]

---

49 World Bank(2012.11), "Avoiding Middle-Income Growth Traps".

그럼, 대부분의 중진국은 왜 선진국으로 변신하는 데 실패할까요? 가장 큰 이유는 '따라잡기' 성장에서 추진되던 정책이 이제 쓸모없어졌는데도 이를 고집하기 때문입니다.

저소득 국가가 가파른 경제성장을 달성하기 위한 전제는 크게 보아 세 가지가 있습니다. 첫 번째이자 가장 중요한 경제발전의 조건은 토지개혁입니다. 이 문제를 본격적으로 다룬 책 『아시아의 힘』의 한 대목을 인용해 보겠습니다.[50]

> 한국의 경우 메이지 시대 일본 혹은 2차 세계대전 이후 일본/대만보다 농업 생산성이 낮았기 때문에, 농업 부문에서 부를 확보하여 산업화에 필요한 자금을 대는 능력이 부족했다. 재정에서도 한국 정부는 차관에 의지했었다. (중략)
>
> 1950년 봄의 토지개혁 이후 농업 부문은 경제개발에 상당한 기여를 했다. 산업 부문이 고용을 흡수할 준비를 갖추기 전에 방대한 인구를 고용했고, 보조금을 수반하는 추곡수매 정책을 통해 도시 노동자에게 저렴한 식품을 공급했고, 제조업체들의 초기 생산량을 국내에서 소화할 상당한 소비를 창출했으며, 심각한 식량수입 의존 문제를 면하게 해주었다.

반면 대부분의 저소득 국가는 이런 선순환을 이룰 수 없었습니다. 가장 대표적인 나라가 필리핀입니다. 필리핀의 농촌 노동자 1,120만 명

---

50 조 스터드웰(2016), 『아시아의 힘(e-book)』, 김태훈 옮김, 프롬북스, 85쪽.

중 850만 명이 땅을 갖지 못한 상태이며, 벼농사에 최적의 조건임에도 생산성은 놀라울 만큼 낮은 상태라고 합니다.

그리고 1978년 집단농장의 해체가 벌어지기 전, 중국도 마찬가지 상태였습니다. 그러나 안후이성의 낙후된 농촌마을 샤오강촌에서 시작된 집단농장의 해체가 덩샤오핑 정부의 (사실상) 승인을 얻으면서 중국 농촌의 삶은 극적으로 개선되었고, 강력한 생산성의 향상이 나타났습니다.[51]

물론 여기서 그쳐서는 지속적인 경제성장이 불가능합니다. 왜냐하면 농업 부문의 생산성은 일정 수준을 넘어서면서부터 성장이 점차 둔화되는 경향을 보이기 때문입니다. 열 마지기의 논이 있다고 가정할 때, 혼자 일하던 곳에 열정을 갖춘 일꾼 한 명이 추가될 때의 효과는 엄청날 것입니다. 잡초를 제때 뽑을 수 있고, 또 가뭄이 들더라도 저수지에서 물을 끌어올 수로를 파고 지하수를 개발할 수 있을 테니까 말입니다. 그러나 열 마지기의 논에서 일하는 인력이 10명에서 11명이 될 때에는 그 효과가 크지 않습니다. 오히려 일하는 데 방해가 될 수도 있죠.

따라서 수많은 입을 먹여 살리려면 좁은 내수시장을 벗어나 더 넓은 시장의 무대로 나아갈 새로운 성장산업인 제조업을 육성해야 합니다. 특히 섬유나 신발 등의 경공업은 19세기 이전부터 개발된 기술을 활용하고 있는 노동집약적인 산업이기에, 중국 같은 저소득 국가가

---

51 박인성(2010), 『중국의 도시화와 발전축』, 한울아카데미, 81~82쪽.

시작하기에 적합했습니다.

더 나아가 중국 정부는 1960년대 이후 한국 정부가 추진한 수출 주도 산업화 전략의 핵심 포인트, 바로 '저금리 정책'을 적절하게 수용했죠.[52]

> 한국 정부는 다른 나라의 정부들만큼 물가상승을 걱정하지 않았다. 기업들이 개발계획을 따르고 제품을 해외에 팔 수 있는 한 은행들은 돈을 빌려주라는 지시를 받았다. 저금리 환경에서 연간 평균 수출증가율은 1960년대에 40%, 1970년대에는 25% 이상을 기록했다. 그에 따라 GDP 대비 수출 비중도 1960년대 3.4%에서 1980년대에는 35%까지 상승할 수 있었다. 한편 물가상승률은 연 평균 15~20%였다.
>
> 정부가 선호하는 기업에 제공되는 자금은 풍부했을 뿐만 아니라 사실상 무료이거나 아주 저렴했다. 가장 저렴한 융자는 대개 -10%에서 -20%의 실질금리로 수출업체에 제공되었다. 수출업체의 입장에서 국내 물가상승률을 반영해 가격을 올릴 수만 있다면, 사실상 돈을 빌리는 편이 이득이었다.

이것이 지금 중국에서도 그대로 적용되는 중입니다. 최근 전미경제연구소(NBER)에서 발간한 흥미로운 보고서에 따르면, 중국 거대 국영기업이 부담하는 금리는 단 3% 내외에 불과하다고 합니다.[53] 중국 경제

---

52 조 스터드웰(2016), 『아시아의 힘(e-book)』, 김태훈 옮김, 프롬북스, 247쪽.

53 NBER(2019), "Can a tiger change its stripes? Reform of Chinese state-owned enterprises in the penumbra of the state".

가 2000년 이후 연 평균 13.4%의 명목 경제성장률을 기록했음을 생각하면, 3%의 금리가 얼마나 놀라운 특혜인지 짐작할 수 있을 것입니다. 그러나 중국 정부는 여기서 모방을 끝낸 것 같습니다.

한국 등 동아시아 국가가 경제발전을 성공적으로 추진할 수 있었던 마지막 '조건'은 바로 수출에 대한 강한 규율이었습니다. 한국 정부는 수출기업들에 저금리의 특혜를 제공한 대신 강력한 채찍을 휘둘렀습니다. 1960년대 10대 그룹의 대다수가 사라졌으며, 1970년대에도 10대 그룹의 절반이 다시 몰락했습니다.[54]

반면, 중국은 이 부분이 달랐습니다. 최근 벌어진 부동산 그룹 헝다 사태가 대표적인 사례 같습니다. 한국의 역대 정부는 수출기업에 저금리 혜택을 집중했습니다만, 중국은 이른바 콴시(사적 네트워크)로 맺어진 거대 부동산 기업에도 저금리 대출을 제공했기 때문이죠. 헝다 그룹이 발행한 채권의 금리를 보면 상당부분이 2~3% 수준에서 형성되는데, 이는 헝다에 대한 정부의 간접적 보증 및 권력자와의 친분관계에 기댄 것으로 보입니다.[55]

수출기업에 대한 자금지원은 수출을 통한 외화 획득 및 경제 전반의 생산성을 향상시키는 순기능을 담당하지만, 부동산 개발회사에 대한 저금리 혜택은 큰 부작용을 일으킬 가능성이 높습니다. 왜냐하면 명목 경제성장률이 10% 이상을 기록하는 나라에서 저금리로 자

---

54 조 스터드웰(2016), 『아시아의 힘(e-book)』, 김태훈 옮김, 프롬북스, 137쪽.

55 Bloomberg Businessweek(2021.9.23), "Evergrande Debt Crisis Is Financial Stress Test No One Wanted".

금을 조달해 부동산에 투자할 수 있다면 매우 손쉽게 부를 창출할 수 있기 때문입니다.

예를 들어 소득 대비 주택가격 비율(PIR, Price-to-Income Ratio)이 일정하다고 가정하면, 주택가격은 기본적으로 소득이 늘어날수록 상승하기 마련입니다. 따라서 3%대의 저금리로 돈을 빌려 아파트를 지으면, 땅 짚고 헤엄치듯 큰돈을 쉽게 벌 수 있습니다. 그리고 이와 같은 토지가격의 상승은 중국 제조업의 경쟁력을 떨어뜨리게 됩니다. 최근 중국에 투자했던 기업들이 베트남 등 다른 나라로 이전하는 것이 중국의 경쟁력 약화를 극적으로 보여주는 것 같습니다.

물론 중국 정책당국도 부동산 가격의 급등이 불러올 위험을 무한정 무시할 수 없어, 2021년 3월 전국 단위의 부동산 세금을 도입할 것이라고 밝히는 한편, 약 400개에 이르는 각종 부동산 규제책을 발표했습니다. 가장 대표적인 규제는 1가구 1주택(One House Per Family) 한도를 도입한 것이었고, 은행권에 부동산 담보대출의 비중을 축소해 이를 제조업체에 돌리라고 지시한 것입니다.

이 결과 중국은 지난 10년래 처음으로 부동산 담보대출이 국내총생산(GDP)에서 차지하는 비중이 줄어들었다고 합니다. 뒤늦게 '한국식 수출 규율'이 작동한 셈입니다.

그러나 중국이 부동산 시장을 안정시켰다고 해서, 모든 문제가 해결된 것은 아닙니다. 토지가격뿐만 아니라 앞으로 인건비의 지속적인 상승 위험을 무시할 수 없기 때문입니다.

다음의 그림이 잘 보여주듯, 중국도 한국처럼 생산가능인구의 감소 사태에 직면했습니다. 물론 한 가지 대안이 있긴 합니다. 그것은 바로 한국이 걸어간 혁신국가의 길을 가는 것입니다.

중국의 생산가능인구 비중과 임금 상승률 추이

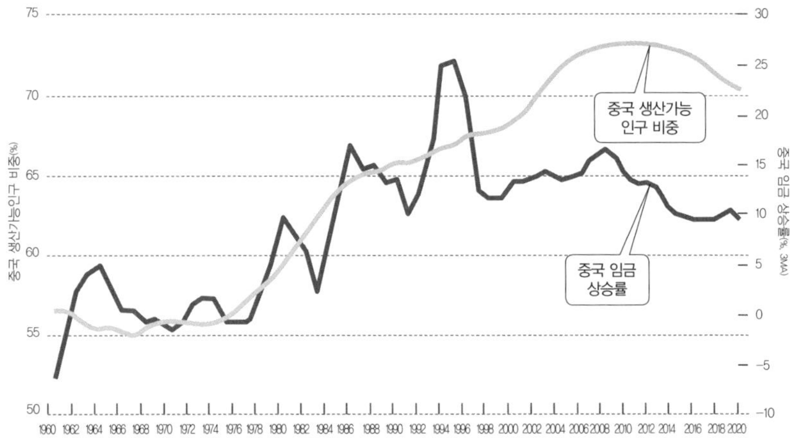

자료: CEIC, 세계은행, 리치고 인베스트먼트 작성

중국 '제조2025' 추진 효과는?

중국 정부도 혁신성장의 중요성에 대해서 잘 알고 있습니다. 그래서 중국 정부는 2010년대부터 야심 찬 제조업 육성 정책 '제조2025'를 시행에 옮기는 중입니다.[56]

제조2025란 중국이 향후 30년에 걸쳐 3단계에 걸친 제조업 혁신을 통해 선도국가의 지위를 달성한다는 것입니다. 이를 위해 중국 정부는 ① 차세대 정보기술(반도체), ② 고급 공작기계 및 로봇, ③ 항공우주 설비, ④ 해양 엔지니어 설비 및 첨단 선박, ⑤ 선진 궤도교통 설비, ⑥ 에너지 절감 및 신에너지 자동차, ⑦ 전력설비, ⑧ 농업기계 설비, ⑨ 신소재, ⑩ 바이오 및 고급 의료기기 등 이른바 10대 핵심 산업을 적극 육성하고 있습니다.

---

56 무역협회(2019.1.14), "중국 제조2025 추진성과와 시사점".

이상과 같은 10대 핵심 산업은 한두 개 정도를 제외하고는 한국의 주력 수출산업과 겹칩니다. 한국의 20대 수출산업을 살펴보면, 반도체, 자동차, 선박, 바이오헬스, 이차전지, 로봇이 포함되어 있죠. 더 나아가 2021년의 누리호 발사에서 보듯, 한국도 항공우주 분야를 적극적으로 육성 중이니, 중국이 제조2025를 성공적으로 추진한다면 한국 수출의 미래는 밝지 않을 수 있습니다.

그러나 중국이 정부 차원의 노력만으로 성과를 거둘 수 있을지는 의문입니다. 왜냐하면 2021년 봄에 발생한 칭화유니(清華紫光)의 파산 사태에서 보듯, 저금리에 기반한 자금 지원만으로 첨단산업에서 경쟁력을 가지기는 어렵기 때문입니다.

칭화유니는 2013년부터 약 336억 위안(약 5조 9천억원)을 선진국 반도체 기업의 인수합병에 쏟아부었습니다.[57] 어마어마한 자금력을 자랑하는 사실상의 국영기업이었죠.

칭화유니는 2025년까지 반도체 자급률을 70%로 끌어올리겠다는 제조2025의 상징적 기업으로, 메모리 반도체회사 YMTC(長江存儲, 양쯔메모리테크놀로지) 등의 자회사를 거느리고 있습니다. 참고로 YMTC는 2021년 삼성전자 등 한국 반도체회사의 주력제품인 128단 적층형 낸드플래시 개발 성공과 2022년까지 디(D)램 양산 추진 계획을 발표한 바 있습니다.

---

57 한겨레신문(선담음, 2021.7.12), "중국 '반도체 굴기' 상징 칭화유니 빚더미에 미 제재 겹쳐 끝내 '파산'".

칭화유니뿐만 아니라 반도체 위탁가공(파운드리) 분야의 거대기업 SMIC(中芯國際, 중신궈지)도 큰 어려움을 겪는 모습입니다.[58] 큰 비용을 들여 스카우트한 최고경영자들이 금방 사임하는 것을 정상적인 상황이라고 볼 수는 없을 것 같습니다.

물론 중국의 제조2025가 완전히 실패한 것으로 보기는 이릅니다. 로봇산업의 경우, 중국은 세계 3대 로봇업체인 독일의 쿠카(KUKA)를 인수한 데 이어 적극적으로 세계시장을 개척 중입니다. 하지만 반도체 등 일부 첨단산업에서 큰 힘을 쓰지 못하고 있다고 볼 수 있습니다. 왜 중국의 산업정책이 어려움을 겪고 있는 걸까요?

---

58 조선비즈(김남희, 2021.11.12), "中 최대 반도체 파운드리 SMIC에 무슨 일?… 내홍 속 경영진 줄 사퇴".

중국의 반도체 굴기가 어려움을 겪는 이유는?

중국이 혁신성장 산업을 제대로 육성하지 못하는 가장 직접적인 이유는 미국과의 무역전쟁 때문입니다. 그러나 칭화유니 사례에서 보듯, 2018년 이전부터 중국 반도체 산업이 제대로 된 성과를 냈다고 보기는 어려운 것 같습니다.

그럼, 중국은 왜 첨단 정보통신 산업의 육성에 이토록 어려움을 겪는 것일까요?

여러 요인이 있겠지만, 가장 중요한 것은 '학습곡선' 문제인 것 같습니다. 여기서 학습곡선이란 문자 그대로 생산과정에서 쌓인 경험 덕분에 생산성이 점점 향상되는 것을 의미합니다. 통상적으로는 생산이 거듭됨에 따라 비용이 높아지는 이른바 '수확체감' 현상이 일반적이지만, 학습곡선 문제는 자본투입이 많고 기술발전 속도가 빠른 제조업에서는 종종 나타나는 현상입니다. 학습곡선의 존재를 세상에 알린 것은 세계적인 전투기 제조회사인 록히드 사의 신형 항공기 생산을 둘러싼 논란 때문이었습니다.

록히드 사는 1971년 새로운 여객기 트라이스타를 출시하며, 보잉과 에어버스가 장악한 대형 여객기 시장에 뛰어들었습니다. 베트남 전쟁이 막바지에 이르는 상황에서 전투기 생산에만 집중해서는 미래가 없다고 생각하고 내린 결정이었죠. 트라이스타는 최첨단 자동항법 장치를 채택한 것은 물론, 영국 롤스로이스 사에서 개발한 혁신적인 엔진을 탑재하는 등 탁월한 성능을 자랑했습니다.

그러나 우베 라인하르트 프린스턴대학 교수는 트라이스타의 생산이 본격화되기 이전에 "트라이스타의 미래는 밝지 않다"고 지적했습니다.[59]

물론 록히드는 그의 지적에 강하게 반발했지만, 이후 심각한 경영난을 겪다 결국 마틴과 합병되고 말았습니다. 참고로 일본 정치계의 흑막으로 불리던 다나카 일본 총리를 사임시킨 '록히드 스캔들'도 트라이스타 항공기를 일본의 민간 항공사인 전일본공수(ANA)에 판매하는 과정에서 벌어진 일입니다.[60]

이 대목에서 라인하르트 교수가 트라이스타 항공기의 미래를 어떻게 예측했는지 살펴보겠습니다. 라인하르트 교수는 2차 세계대전 당시 미 공군의 비행기 생산과정에서 얻은 정보를 활용해, 앞으로 생산

---

59 슐로머 메이틀(2000), 『CEO 경제학』, 이용숙 옮김, 거름, 254~256쪽.

60 서울신문(황성기, 2002. 2.8), "[세기의 게이트] (2) 록히드 뇌물사건".

될 비행기 한 대당 비용을 다음과 같이 추산했습니다.

150대째의 트라이스타를 생산한 후: 1,550만 달러
300대째의 트라이스타를 생산한 후: 1,200만 달러

트라이스타의 생산량을 150대에서 300대로 두 배 늘렸을 때 단위당 생산비용은 22.6% 절감되며, 이런 식으로 생산량이 두 배 늘어날 때마다 비행기 생산비용이 일정한 속도로 떨어집니다. 즉, 생산량이 늘어날수록 생산원가는 떨어집니다.

예를 들어 트라이스타를 1,024대를 만든 후의 평균 생산비용은 첫 번째 비행기 생산비용의 1/14이 됩니다. 이런 강력한 비용절감이 이뤄지는 이유는 조립라인에서 일하는 노동자나 부품 제공업자, 관리

록히드 사 비행기의 단위당 생산비용 변화

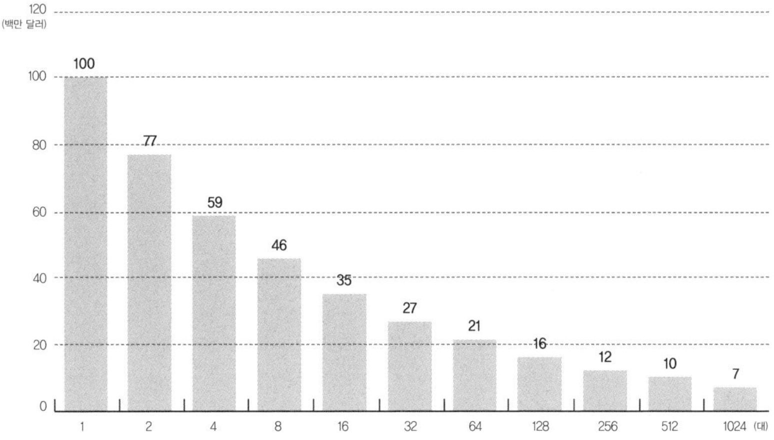

자료: 슐로머 메이틀(2000), 『CEO 경제학』

자, 그리고 제작도구를 만드는 사람들의 생산성이 지속적으로 늘어나기 때문입니다. 물론 대량생산이 이뤄짐에 따라 비행기 엔진 같은 핵심 부품의 조달가격이 떨어지는 것도 영향을 미쳤을 것입니다.

록히드 사는 매우 뛰어난 기술력을 자랑하는 기업이지만, 대형 여객기 생산은 처음이었기에 초기에 여러 시행착오를 겪을 수밖에 없었습니다. 결국 라인하르트 교수의 지적처럼, 록히드의 생산비용 절감 속도는 그들의 예상보다 느려졌습니다. 게다가 보잉과 에어버스 등 여객기 시장의 강자들이 새로운 경쟁자를 제거하기 위해, 그들이 오래전에 생산을 시작해 이미 생산단가를 절감하는 데 성공한 제품의 가격을 인하함으로써 록히드는 결국 패배하고 말았습니다.

여객기 산업의 사례에서 보듯, 생산성이 가파르게 향상되는 산업에서 '후발주자'는 큰 어려움을 겪을 수밖에 없습니다. 특히 삼성전자나 SK하이닉스가 속한 컴퓨터 산업, 그리고 바이오 산업 등은 학습곡선의 기울기가 더욱 가파르다고 합니다.[61] 두 산업 모두 중국이 제조 2025 과정에서 추격에 어려움을 겪는 산업이라는 공통점이 있죠.[62]

---

61 Natarajan Balasubramanian and Marvin B. Lieberm, "Industry learning environments and the heterogeneity of firm performance", *Strategic Management Journal*(2010), Volume 31, Issue 4.

62 YTN 사이언스(김정회, 2021.7.22), "중국 시노백 백신 논란 속 시노팜 백신도 변이에 약해".

후발주자는 영원히 추격할 수 없나?

"학습곡선이 가파른 산업에서 후발주자는 영원히 승자가 될 수 없나?"라는 의문을 느끼는 독자들이 있을 것입니다. 후발주자도 첨단 기술산업에서 선두주자를 추격할 기회가 존재합니다. 그것은 바로 '파괴적 혁신'이 시작될 때입니다.

기업 혁신 분야의 구루로 손꼽히는 크리스텐슨 교수는 하드디스크 산업을 대상으로 연구를 시작한 계기를 이렇게 털어놓습니다.[63]

> '왜 초우량기업이 실패하는가'에 대한 해답을 구하고 있을 즈음, 한 친구가 충고했다. 그는 "유전학을 연구하는 사람들은 인간을 연구하려 들지 않는다네. 한 세대가 30년 걸리기에 어떠한 변화의 원인과 결과를

---

63 클레이튼 크리스텐슨(2009), 『혁신기업의 딜레마』, 이진원 옮김, 세종서적, 49~55쪽.

이해하는 데 너무나 오랜 시간이 걸리기 때문이지. 그래서 그들은 단 하루면 알을 배고, 태어나서 성숙하고 죽는 초파리를 연구한다네. 만일 자네가 비즈니스에서 변화의 원인을 이해하고 싶다면 하드디스크 산업을 연구하게. 이들 기업들이 비즈니스 세계에서는 초파리와 아주 유사한 점이 많지"라고 이야기해주었다. (중략)

실로 비즈니스 역사상 하드디스크 산업만큼 기술과 시장구조, 범세계적인 활동범위, 그리고 수직적 통합 등 광범위하면서도 빠르게, 그리고 가차없는 변화가 일어났던 예는 없었을 것이다. 이러한 변화의 진행과정과 그 복잡성이 경영자에게는 악몽일지 모르지만, 내 친구 말대로 연구하기에는 더할 나위 없이 좋은 대상이었다. (중략)

디스크 드라이브 산업의 엔지니어들이 디스크 표면 1평방인치에 저장할 수 있는 정보의 양은 1년에 평균 35%나 증가했다. 즉, 1967년에는 50킬로바이트에서 1973년에는 1.7메가바이트, 1981년에는 12메가바이트, 그리고 1995년에는 1.1기가바이트로 증가했던 것이다. 한편 드라이브의 크기는 1978년 800입방인치에서 1993년에는 1.4입방인치로 줄어들어 연 평균 35%씩 감소했다.

흔히 '무어의 법칙'이라고 불리는 현상을 가리킵니다. 무어의 법칙(Moore's Law)이란 인텔의 공동 설립자인 고든 무어(Gordon Moore)가 반세기 전에 한 이야기에서 출발합니다. 그는 2년마다 마이크로칩의 저장 능력이 두 배로 늘어난다고, 또는 "마이크로칩에 들어가는 트랜지스터의 수는 24개월마다 대략 두 배로 증가한다"고 주장했는데, 적어도 최근까지는 이 말이 적용됩니다.

우리가 지금 사용하는 스마트폰이 '무어의 법칙'을 보여주는 가장 좋은 실증 사례죠. 2000년대 후반 한국에 처음 스마트폰이 출시되었을 때 대부분 16기가 혹은 32기가의 플래시 메모리를 탑재하고 있었습니다. 그런데 2021년 출시되는 스마트폰의 대부분은 512기가 혹은 1테라의 메모리를 탑재하고 있음에도 가격은 그때와 별반 차이가 없습니다.

이렇게 생산성의 가파른 향상이 벌어지는 세계에서 뒤늦게 사업에 뛰어든 기업은 어려움을 겪을 가능성이 높습니다. 그러나 파괴적 혁신이 시작되는 순간, 추격자들에게도 기회가 주어집니다.[64]

크리스텐슨 교수에 따르면, 디스크 드라이브 산업에서 발생한 대부분의 기술변화는 '존속성 혁신', 즉 성능을 개선하는 쪽에 맞춰져 있었다고 합니다.

그러나 간혹 '파괴적 혁신'이 출현하는데, 가장 대표적인 것이 드라이브 크기를 작게 만드는 것이었습니다. 이를 통해 직경 14인치 디스크가 8인치, 5.25인치, 그리고 3.5인치로 축소되더니 급기야 2.5인치에서 1.8인치까지 작아졌습니다. 디스크 드라이브의 크기가 작아진 것에 대해 기존 고객은 시큰둥한 반응을 보였지만, 소비자 시장에서는 전혀 반응이 달랐죠. 노트북이나 이동형 저장장치를 선호하는 이들에게 폭발적 반응을 이끌어낼 수 있었고, 결국 소형 디스크 드라이브가 시장의 지배자가 되고 말았습니다.

디스크 드라이브 시장과 비슷한 일이 1990년대 중반 메모리용 반

---

64 클레이튼 크리스텐슨(2009), 『혁신기업의 딜레마』, 이진원 옮김, 세종서적, 64~65쪽.

도체 시장에서 벌어졌습니다. 그것은 다름 아닌 개인용 컴퓨터 시장의 발전이었습니다. 당시 일본 반도체 업계는 이 변화를 대수롭지 않게 생각했습니다. 왜냐하면 기업용 컴퓨터 시장에서 압도적인 강세를 보인데다, 자신들이 가진 기술수준에 대한 자신감에 넘쳤기 때문입니다. 그러나 이와 같은 자신감이 결국은 몰락의 원인으로 작용하게 됩니다.

NEC나 후지쯔, 그리고 히타치 등의 일본 반도체 기업들은 기업용 컴퓨터를 위해 수십 년이 지나도록 안전한 '고스펙'의 제품을 생산하는 데 정성을 기울였고, 기업들도 일본산 메모리 반도체를 구입하는 데 비용을 아끼지 않았습니다. 그렇지만 개인용 컴퓨터 시장은 전혀 달랐습니다. 일단 2~3년 주기로 교체가 빈번하게 이뤄졌을 뿐만 아니라 가격에 매우 민감했습니다. 즉, '적정한 성능을 가진 저렴한 부품'을 원하는 수요가 급격히 늘어났던 것입니다.

한국과 대만의 메모리 반도체 제조업체들은 이런 변화에 대응해 비용절감에 온 힘을 기울였습니다. 최첨단 기술을 사용하기보다는 기존 기술을 어떻게든 활용해 단가를 떨어뜨렸고, 또 대량생산을 통해 학습곡선을 타기 위해 노력했죠. 특히 1997년 외환위기 이후, 한국 기업들이 유리한 환율 여건에서 영업할 수 있었던 것이 치명적인 영향을 미쳤습니다. 결국 소비자 시장의 전환, 그리고 기술의 변화에 둔감했던 일본 반도체 회사는 이제 하나도 살아남지 못했습니다.[65]

이상과 같은 일본 반도체 산업의 몰락이 주는 교훈은 명확합

---

65 머니투데이(오동희, 2012.3.1), "일본의 '희망' 엘피다의 몰락에서 배운다".

니다. 파괴적인 혁신이 시작될 때, 기존 고객에게 집착하며 과거의 기술을 고집하는 기업은 살아남지 못한다는 것입니다. 지금 세계 1위의 자리를 지키고 있는 한국의 메모리 반도체 회사들도 언제든 위기를 맞을 수 있다는 것을 잊지 말아야 할 것 같습니다.

그럼, 지금은 어디에서 파괴적 혁신이 시작될까요?

학자들마다 서로 의견이 다르겠지만, 저는 자동차 산업이 파괴적 혁신 앞에 놓여 있다고 봅니다. 과거에 자동차는 기계공업의 총아였습니다만, 이제는 가전제품처럼 바뀌는 순간이 온 것 같습니다. 전기차 및 자율주행이라는 흐름에 잘 적응하는 기업은 살아남겠지만, 파괴적 혁신의 바람이 불고 난 다음 기존 자동차 회사 중 상당수는 사라지지 않을까 생각해 봅니다.

[A. 3]

중국 국채가 안전자산이 될 수 있을까?

중국이 미국을 대체할 수 있을까?

미국의 소비자지출, 그리고 미국 국채에 대한 강조를 듣다 보면 "중국 소비시장이 미국 소비시장보다 더 커지고, 중국 국채가 안전자산의 지위를 획득하지 않을까?"라는 의문을 느끼곤 합니다.

다음 쪽의 그림은 세계 소비시장에서 미국, 유로 지역, 중국의 점유율 변화를 보여줍니다. 그림에서 보듯, 유럽 내수시장이 2000년대 후반을 고비로 성장이 둔화된 반면, 중국 소비시장의 규모가 유럽을 바짝 추격한 것은 분명한 사실입니다.

특히 최근 발간된 글로벌 연구기관들의 보고서에 따르면, 2028년을 전후해 중국의 GDP 규모가 미국을 넘어설 가능성이 높다고 주장하니 '중국 내수소비 붐'에 대한 기대가 근거 없는 이야기는 아닙니다.[66]

---

66 한국무역협회(2020.12.11), "중국 GDP, 2028년 미국 추월…세계 1위 도약".

세계 소비시장 점유율

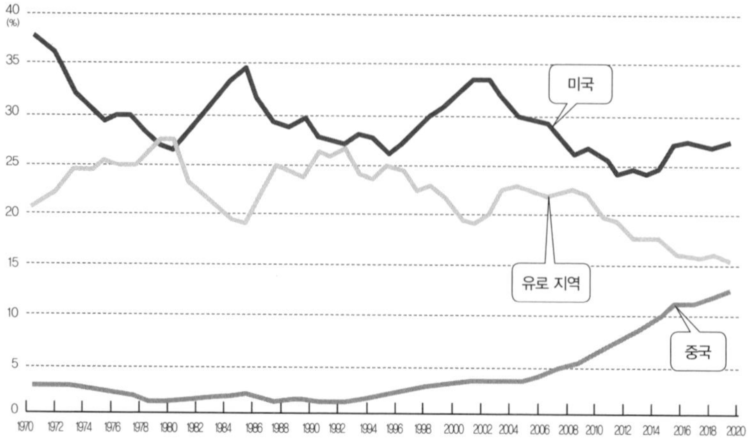

자료: 리치고 인베트스트먼트 작성

그렇지만 이런 기대는 아직 현실과 거리가 있는 것 같습니다. 가장 대표적인 사례가 2020년 봄이죠. 당시 중국의 거대도시 우한(武漢)에서 신종 코로나 바이러스가 확산되면서 중국 경제가 큰 충격을 받았지만, 미국 다우지수는 그해 2월 12일 사상 최고치(29,551포인트)를 경신하는 등 전혀 영향을 받지 않았습니다.

미국 금융시장 참가자들은 "중국 시장은 중요한 시장이 아니며, 중국 말고 제품을 공급할 대안은 있다"는 생각을 가졌던 것 같습니다. 그러나 그해 2월 중순을 고비로 미국에서도 확진자가 발생하고, 세계보건기구가 세계적인 대유행을 선포하면서 미국 등의 주식시장도 폭락하고 말았죠.

이 사례에서 보듯, 적어도 글로벌 금융시장 참가자들은 중국 내수시장을 중시하지 않는 것 같습니다. 중국의 '소비 주도' 성장에 대한 기대가 아직은 기대로만 머무르는 이유는 어디에 있을까요?

여러 요인이 있겠지만, 저는 크게 보아 두 가지 구조적 문제가 있는 것 같습니다. 두 가지 구조적 문제란 하나는 금융 억압 정책을 통한 수출부양 정책기조이고, 또 다른 하나는 반부패 정책 노력이 그것입니다. 여기서 금융 억압(Financial Repression)이란 신흥국이 경제개발을 촉진할 목적으로 인위적으로 금리를 낮게 유지해 돈을 빌리는 이(=기업과 정부)를 우대하고, 저축하는 이(=가계)에게 보이지 않는 세금을 부과하는 시스템을 뜻합니다.[67]

먼저 금융 억압 정책이 어떤 문제를 일으키는지 살펴보겠습니다.

67 아주경제(배근미, 2021.8.13), "김용범, '20세기 유행한 금융 억압 질서, 코로나 팬데믹에 재등장'".

금융 억압 정책은 어떤 식으로 진행되나?

중국의 예금 및 대출 금리 동향을 살펴보면, 2016년 이후 각각 1.5%와 3.5%로 결정되어 있습니다. 2016년 이후 중국의 연 평균 명목 경제성장률이 6.2%라는 점을 감안할 때 너무 낮은 수준이죠. 이처럼 금리를 경제성장률에 비해 낮게 유지하면 여러 문제가 생깁니다.

일단 대출을 해줄 때, 은행 입장에서는 위험이 전혀 없다고 생각되는 이들에게만 대출해주려 들 것입니다. 왜냐하면 어차피 금리도 더 받지 못하는 바에야 굳이 위험성이 높은 이들에게 대출해줄 이유가 없기 때문입니다.[68]

따라서 국영기업 혹은 헝다처럼 강력한 네트워크를 가진 기업들

---

68 Raghuram Rajan(2004), "Why Are Structural Reforms So Difficult?", *IMF 'Finance & Development'*, June 2004.

에 대출이 집중됩니다. 물론 부동산 담보대출처럼 상대적으로 안전한 대출도 활성화될 것입니다.

돈을 예금하는 이들에게도 심각한 문제가 생깁니다. 집값이 저금리 및 도시화의 영향으로 급등하는데, 예금만 해서는 미래가 없습니다. 물론 예전에는 중국 근로자들의 소득이 아주 가파르게 상승하던 시절이 있었습니다만, 2010년대에 접어들어 임금 상승 탄력도 점차 둔화되고 있습니다. 예금 외의 다른 투자처를 찾는 것도 방법입니다만, 이것도 쉽지 않습니다.

먼저 중국의 주식시장은 2008년 이후 장기침체 중인데다, 주가가 조금만 올라도 대규모 증자(및 상장)가 단행되는 등 '주주 중시 경영'과 거리가 있습니다. 이런 상황에서 중국 사람들은 은행 예금 말고 다른 저축 수단을 찾기 어렵습니다.

중국의 GDP 대비 저축 및 투자 비중 추이

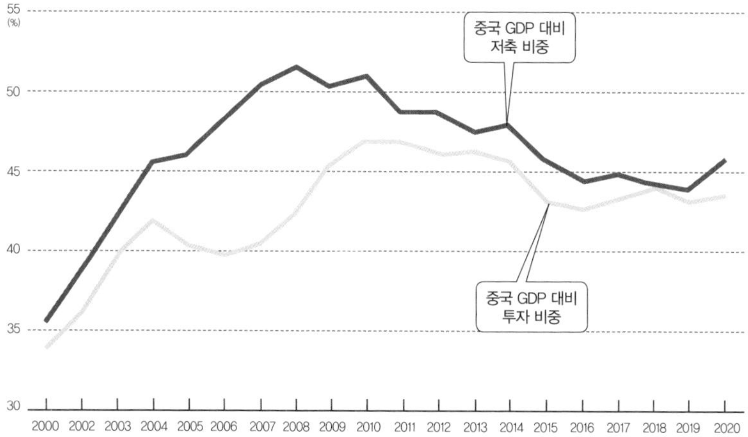

자료: IMF DB, 리치고 인베스트먼트 작성

앞의 그림은 중국의 GDP에서 투자와 저축이 차지하는 비중의 변화를 보여줍니다. 둘 다 세계에서 가장 높은 수준입니다. 말도 안 되는 저금리 여건임에도, 중국 가계는 열심히 저축하는 중이죠. 대신 중국이 그동안 놀라운 성장을 달성한 이유가 드러나는 순간이기도 합니다. 중국은 세계에서 가장 높은 저축률을 활용해 공격적으로 투자한 것이 고성장의 원동력으로 작용한 셈입니다.

중국의 저축률이 이렇게 높은 것은 바로 '대안 부재' 때문입니다. 하늘 높은 줄 모르고 올라가는 주택가격을 따라잡기 위해서는 예전보다 더 열심히 저축하는 것 이외에는 대안이 없었던 셈입니다.

반부패 운동, 내수성장의 가능성 제약할 듯

금융 억압 이외에, 중국 정부의 반부패 정책도 '소비 주도 성장'에 대한 기대를 꺾어놓은 요인입니다.

최근 중국에서 반부패 정책이 강력하게 시행되는 직접적인 원인은 대도시 토지가격의 급등 때문입니다. 중국 가계가 도시 부동산을 구입하기 위해 열심히 저축하고 있었음을 감안할 때, 부동산 가격의 급등은 저축 의욕을 꺾는 청천벽력 같은 소식일 수밖에 없고, 이는 중국 경제 내에 자산불평등 심화 요인으로 작용합니다.

중국의 최고지도자 덩샤오핑은 1980년대 중반부터 '선부론(先富論)'이라는 구호로 1976년 이후 시작되었던 정치적 불안을 잠재우는 데 성공했습니다. 간단하게 말해, 생산성과 소득수준이 선진국 수준에 도달할 때까지 분배문제를 잠시 덮어두자는 이야기입니다. 그리고 이 협약은 지금껏 아주 잘 작동했습니다. 경제성장이 지속되는 동안

중국의 핵심 대도시 주거용 토지가격 추이

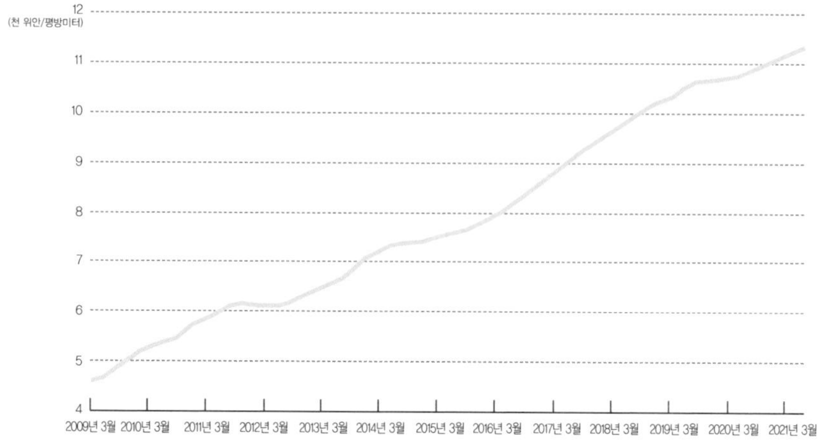

자료: CEIC, 리치고 인베스트먼트 작성

에는, 그리고 임금이 가파르게 오르는 동안에는 불평등 문제를 덮는 것이 가능했습니다.

중국이 중진국 함정에 부딪혀 성장 탄력이 둔화되기 시작하자 문제가 불거지기 시작했습니다. 결국 2021년 하반기 중국 지도부는 '공동부유'라는 새로운 슬로건을 제창하기에 이르렀습니다.[69]

중국의 불평등 문제를 해결하는 방법은 두 가지가 있습니다.

가장 근본적인 해결책은 금리 자유화 등의 개혁조치를 취하는 것입니다. 즉, 국영기업만 낮은 금리 혜택을 보는 게 아니라 국민 전체가 '위험'에 따라 차별화된 금리로 돈을 자유롭게 빌리게 만드는 것입니다. 이렇게 하면 경제 전반에 자금 배분의 효율성이 높아질 뿐만 아

69 한겨레신문(박민희, 2021.8.23), "'선부론'은 끝났다".

니라, 부동산으로 집중되는 돈의 흐름을 잡을 수 있다는 장점이 있습니다.

특히 국영기업들의 방만한 경영을 바로잡는 데 큰 역할을 할 것으로 기대됩니다. 여러 학자들의 연구에 따르면, 중국의 국영기업은 민간기업보다 훨씬 낮은 금리로 자금을 조달하고 있음에도 불구하고, 수익성(총자산순이익률, RoA)이 절반 수준에도 미치지 못하는 것으로 나타납니다.[70] 저금리로 무제한에 가까운 돈을 대출받을 수 있으니, 사업이 제대로 경영되는 게 이상한 일이죠.

그러나 '금리 자유화'라는 대안은 현실적으로 실행되기 어려운 것 같습니다. 왜냐하면 중국의 경제 및 정치체제는 '국가자본주의'적인 성격을 띠고 있기 때문입니다.

국가자본주의란 말 그대로 정부가 시장경제에 깊숙하게 개입하는 경제체제를 의미합니다. 그리고 정부의 시장경제 개입 정도 및 폭을 정하는 것은 관료이며, 이들의 권한은 경제가 커질수록 점점 확대됩니다. 물론 관료들에 대해 어떤 규율이 없는 것은 아니어서, 성과를 거둘수록 지위도 올라갑니다. 그러나 권한이 높아진 만큼 그들의 독단적인 이익도 커질 수밖에 없습니다.[71]

결국 '절대권력은 절대 부패한다'는 경구처럼, 부패가 일상화될 가능성이 높아지죠. 예를 들어 2011년 철도청장 류지준이 체포되었을

---

70 Nicholas R. Lardy(2014), "Markets over MAO: The rise of private business in China", 125쪽.

71 브랑코 밀라노비치(2020), 『홀로 선 자본주의』, 정승욱 옮김, 세종서적, 110쪽.

때, 아파트 350채와 현금 1억 달러를 보유하고 있었다고 합니다. 중국의 고속철도 건설산업이 얼마나 큰 이권이었는지 여실히 보여준 대목이라 하겠습니다.

물론 류지준은 몰락했지만 다른 관료들은 건재합니다. 2012년 중국에서 가장 부유한 1천 명 중 160명은 중국 공산당 대의원들이니까 말입니다.[72] 따라서 이번에도 '제2의 류지준'을 찾아내는 일, 즉 반부패 운동이 강력하게 펼쳐질 것으로 예상됩니다.

---

72 대런 애쓰모글루, 제임스 A. 로빈슨(2020), 『좁은 회랑』, 장경덕 옮김, 시공사, 142쪽.

빅테크 기업들이 어려움을 겪게 된 이유는?

앞에서 다룬 것과 같은 중국의 반부패 운동은 '소비 주도 성장'의 가능성을 크게 떨어뜨립니다. 왜냐하면 금리 자유화라는 효과적인 대안을 버리고 '반부패' 정책을 펼치기 시작한 순간 기존의 경제발전 노선, 즉 '모든 자원을 수출 제조업에 올-인 하는' 성장전략이 재가동될 가능성이 높아졌기 때문입니다.

지난 2020년 말부터 시작된 핀테크 기업 앤트그룹에 대한 강력한 규제는 중국 정부의 정책기조를 판단하는 데 큰 도움을 주는 사례라고 하겠습니다.

2020년 10월, 중국의 거대 핀테크 기업인 앤트그룹 상장이 무산되고, 또 일부 지분이 국유화되는 등의 규제를 받게 된 가장 직접적 원인은 마윈 회장의 정부 비판 때문임은 분명합니다.

마윈 회장은 2020년 10월 24일 상하이에서 열린 와이탄 금융정

상회의에서 국영은행 중심의 금융권을 '전당포'에 비유하며, 금융당국의 보수적 정책을 강력 성토한 바 있습니다.[73] 그는 "기차역을 관리하는 식으로 공항을 운영할 수는 없고, 과거의 방식으로 미래를 규제할 수 없다"며, "중국엔 제대로 된 금융제도가 없기 때문에 제도적 위험도 없지만, 제도의 부재 그 자체가 위험 요소"라고 주장했습니다.

지금껏 살펴본 '금융 억압'에 대한 비판임을 금방 알 수 있습니다. 그리고 앤트그룹은 금융 소비자들의 불만을 파고듦으로써 빠르게 성장했죠.

앤트그룹이 만든 모바일 앱 '화베이(써봐)'와 '제베이(빌려봐)'는 소액대출에 특화되어 있습니다.[74] 앤트그룹은 고객들에게 빌려준 소액대출 증서를 모아 자산유동화증권(ABS)을 발행하는 식으로 투자금을 키워나갔습니다. 대신 대출 이자율은 하루 0.04% 정도로, 연리로는 대략 15~16%나 되는 이자를 받습니다. 소액 대출을 받은 개인은 약 5억 명, 중소기업은 2천만 개 정도에 이른다고 하니 얼마나 거대한 규모인지 알 수 있습니다.

앤트그룹이 2020년 말 상장을 계획했던 것도, 대규모 자금을 조달해 이 부문을 더욱 키울 계획이었던 것 같습니다. 그리고 중국 경제의 모든 것을 통제하고 싶은 정책당국 입장에서 볼 때, 앤트그룹은 자신들의 통제를 벗어나는 존재, 그리고 금융 억압 시스템을 파괴하는

---

73 한겨레신문(정인환, 2020.11.13), "앤트그룹 상장 중단, 마윈에 격노한 시진핑이 직접 결정".

74 한겨레신문(박민희, 2020.12.8), "마윈, 빅데이터로 국가에 맞선 돈키호테?".

존재로 비춰졌을 것 같습니다. 따라서 앤트그룹의 미래도 정해진 셈입니다. 상장이 힘들어진 것은 물론, 핵심 서비스인 '화베이'와 제베이'가 분리되어 국유화되기로 결정되었으니 말입니다.[75]

물론 소액 대출 서비스가 완전히 사라지지는 않을 것으로 보입니다만, 정부의 규제 속에서 제한적인 방향으로 진행될 가능성이 높은 것으로 보입니다.

75 한국경제신문(강현우, 2021.9.13), "앤트그룹 국유화에 한 발 더…알리바바 주가 또 급락".

채찍효과는 앞으로도 계속된다!

이상의 내용을 정리하면, 중국 정책당국은 앞으로 상당기간 금융 억압 정책을 고수하는 한편, 경제 내 발생한 불평등 문제를 '반부패' 정책을 통해 풀어나갈 것으로 보입니다.

물론 이런 정책에도 불구하고, 중국의 소비는 제한적이지만 성장세를 이어갈 것이라고 봅니다. 부동산 가격이 급등해 부의 효과(Wealth Effect)가 나타날 가능성이 높은데다, 아직도 성장 탄력이 높으니까 말입니다. 다만, 중국 경제는 수출 중심의 경제성장 전략이 지속되는 가운데 채찍효과에 더욱 노출될 것 같습니다.

다음의 그림은 미국 산업생산과 중국 수출의 관계를 보여줍니다. 미국의 산업생산이 조금만 변동해도 중국의 수출이 급등락합니다. 더 나아가 중국의 수출은 경제성장을 좌우하는 변수입니다. 다시 말해, 미국 등 선진국 경기가 조금만 좋아지면 중국의 수출이 늘어나고 경

미국 산업생산과 중국 수출의 관계

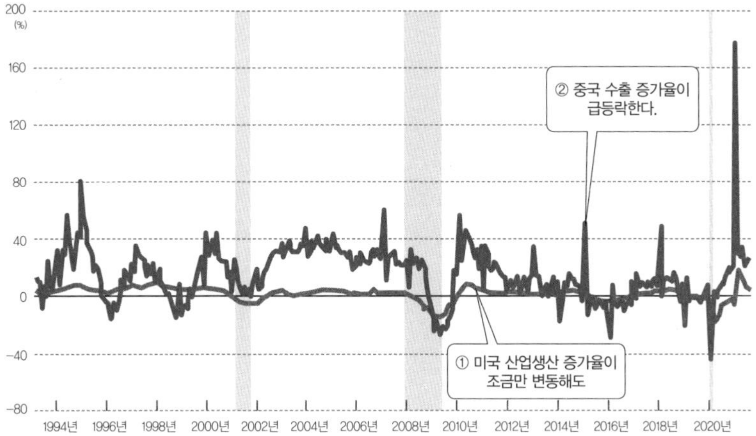

세인트루이스 연방은행, 리치고 인베스트먼트 작성

제성장률도 올라가는 셈입니다.

이제 2020년 말부터 중국 정책당국이 반부패 정책 등 일종의 '내수 억압' 정책을 펼치는 이유를 알 수 있습니다. 수출이 잘될 때 내수 경기까지 좋으면 경기과열이 발생할 수 있고, 또 수출 호조 국면에 해외 유동성이 공급되며 도시지역의 주택가격이 상승할 것이라고 본 것이죠. 반대로 2010년대 중반처럼 수출이 잘 안 풀릴 때에는 내수경기를 자극하는 정책, 즉 저금리 정책을 더욱 강화할 것으로 예상됩니다. 중국 정부가 2016년 예금금리를 1.5%로 낮춘 데에는 나름의 이유가 있었던 셈입니다.

이상의 분석을 통해 중국의 경제정책을 이해할 수 있게 되었습니다. 먼저 수출 호조 국면에는 기업실적도 좋고 경제성장률도 올라가고 투자심리도 개선되니 내수 억압 정책을 펼칩니다. 금리를 인상하면

'소중한' 수출기업의 반발이 예상되니, 금리는 인상하지 못하는 대신 앤트그룹 같은 내수용 빅테크 기업의 활동을 억제하고 부동산 대출을 옥죄는 정책을 펼칩니다. 반대로 수출이 부진할 때에는 경제성장률도 둔화되고 국영기업의 부실 위험이 높아지니 부동산 등 내수경기 부양에 나서는 것입니다. 물론 이때는 불평등에 대한 관심을 크게 두지 않겠죠.

이 과정에서 중국 경제는 점점 더 구조적인 문제에 노출될 것입니다. 저금리에 길들여진 국영기업(및 콴시 보유 기업)의 경쟁력 개선은 지체되며, 부동산 시장은 언제든지 폭발할 잠재력을 보유한 휴화산처럼 될 것입니다. 그리고 부동산 및 임금 같은 생산요소 가격이 빠르게 높아지는 가운데, 중국에 투자되었던 외국인 자금은 썰물처럼 빠져나가겠죠. 특히 앤트그룹 사태를 보면서 '불확실성'이 부각된 것이 경계심을 더욱 높이게 된 계기로 작용했을 것 같습니다.

따라서 적어도 이 책의 유효기간(5~10년) 안에는 중국의 소비시장이 미국을 대체하고, 더 나아가 중국이 글로벌 금융시장 참가자들의 신뢰를 얻어 '안전자산'으로 부각될 가능성은 낮은 것으로 판단됩니다.

[A. 4]

한국 부동산 시장은 어떻게 보나?

역사상 가장 비싼 수준에 도달한 서울 아파트

주식이나 환율, 그리고 각 산업에 대한 분석에 주력하는 책이지만, 끝으로 한국 부동산 시장에 대한 이야기도 다룰까 합니다. 13장에서 부동산을 보유한 가계의 자산배분 전략을 다루기도 했으니, 아주 엉뚱한 주제는 아니라고 봅니다.

다음의 그림은 한국주택금융공사에서 매 분기마다 발표하는 '주택구입부담지수'를 보여주고 있습니다. 주택구입부담지수란 각 지역의 중위 소득 가계가 중간값 아파트를 구입하는 데 따르는 부담(이자+원리금상환)을 지표화한 것입니다. 예를 들어 주택구입부담지수가 100포인트라면, 소득의 25% 부담을 지면 주택을 구입할 수 있다는 이야기가 됩니다. 반대로 주택구입부담지수가 200포인트라면, 소득의 50%를 부담해야 하니 맞벌이 부부 중의 한 사람이라도 직장을 잃거나 혹은 휴직하는 순간 대출을 연체할 위험을 지게 될 것입니다.

한국의 지역별 주택구입부담지수 추이

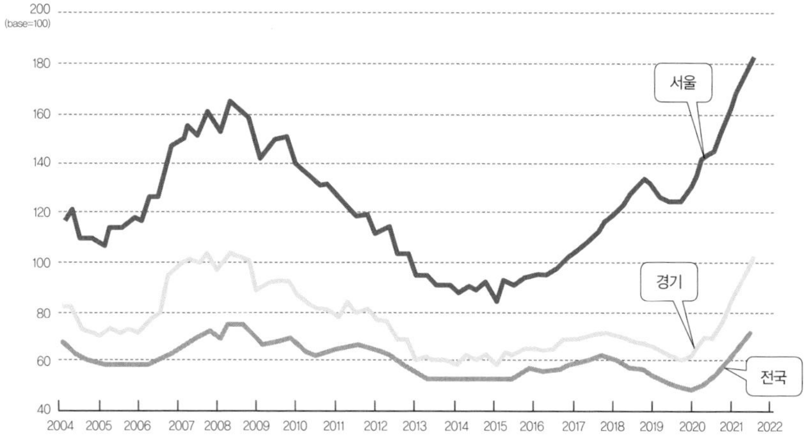

자료: 한국주택금융공사, 리치고 인베스트먼트 작성

참고로 2021년 9월 말 현재, 서울의 주택구입부담지수는 182.0포인트를 기록하고 있는데, 2004년 이후 평균값 123.0포인트를 크게 웃돌고 있음을 발견할 수 있습니다. 반면 전국의 경우 73.5포인트로 역사적 평균(60.9포인트)에서 20% 정도 높은 수준에 형성되어 있습니다. 이 숫자가 우리에게 시사하는 두 가지입니다.

서울 아파트 값은 항상 비쌌는데, 이번에는 역사적인 평균보다 48% 이상 높은 수준에 형성되어 있으니 이제는 '버블'이라고 불러도 그리 무리한 표현은 아니라는 생각이 듭니다. 전국 기준 아파트 값은 매우 비싸다고 말하기는 어렵지만, 여기서 더 오르면 금리와 소득을 감안해 볼 때 '역사상 최고' 수준에 도달하는 것으로 판단됩니다.

주택가격이 급등한 이유는?

한국 주택가격의 급등 원인은 크게 보아 세 가지를 들 수 있습니다. 가장 핵심적인 영향을 미친 것은 주택공급 부족입니다.

다음의 그림은 전국 주택 매매가격 상승률과 주택 착공 증가율의 관계를 보여줍니다. 주택가격이 상승할 때마다 주택 착공이 늘어나는 것을 쉽게 발견할 수 있습니다. 이런 현상이 나타나는 이유는 주택가격이 상승할 때 미분양도 줄어들고 또 분양가도 인상할 수 있어, 주택을 지을 인센티브가 늘어나기 때문입니다. 그러나 2016년부터 이런 관계가 무너지고 말았습니다.

2014년 이후 주택가격이 지속적으로 상승하고 있었건만, 주택 착공은 2016년부터 감소하기 시작했기 때문이죠. 2021년 접어들어 주택 착공 증가율이 일시 플러스로 돌아서는가 했지만, 다시 하락세로 돌아서는 등 이 책을 마무리하는 현재 시점까지도 부진한 모습을 이어가고 있습니다.

주택 착공이 줄어든 데에는 여러 이유가 있습니다. 2019년 이른바 9.13 부동산 대책을 통해 '3기 신도시' 개발계획을 발표하기 이전에 공공 부문에서 공급하는 택지 공급이 줄었던 것이 가장 직접적인 원인이고, 여기에 서울을 중심으로 한 수도권지역에서 재건축·재개발이 여러 규제의 영향으로 축소된 것이 영향을 미쳤습니다.

그리고 신축 아파트의 분양가를 억제하는 이른바 '분양가 상한제'가 2019년 8월 12일부터 확대 적용된 것도 영향을 미쳤죠.[76] 분양가 상한제로 신규 분양되는 아파트의 가격 인상이 억제됨에 따라 청약에 당첨된 사람들은 '로또 아파트'를 가질 수 있었지만, 십수년 혹은 그

한국의 주택 매매가격 상승률과 주택 착공 증가율의 관계

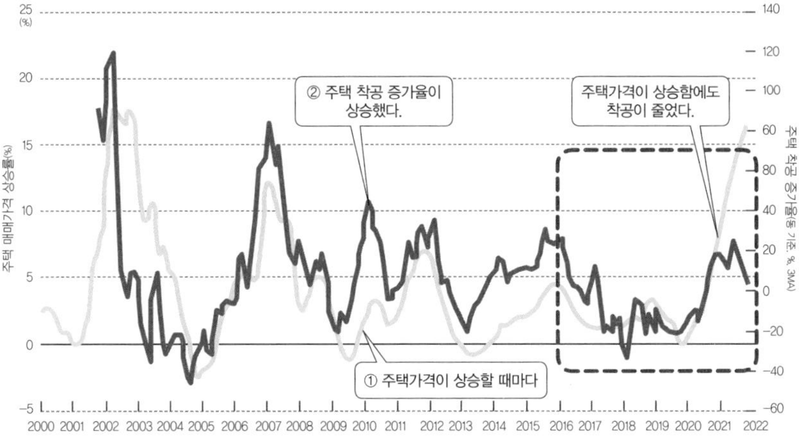

자료: KB부동산, 통계청, 리치고 인베스트먼트 작성

76 대한민국 정책브리핑, "분양가 상한제" 항목.

이상의 세월 동안 낡은 아파트에서 거주했던 기존 주민들은 추가 분담금을 무는 등 사업의 수익성이 악화되는 것을 지켜보아야 했죠. 이런 상황에서 재건축·재개발이 활성화되기는 쉽지 않을 것입니다.

물론 2019년의 9.13 부동산 대책으로 3기 신도시 개발이 확정되고, 이후 광명·시흥 등 추가적인 공공택지 개발이 진행 중입니다만, 개발속도가 그리 빠르지 못한 상황입니다.[77] 일방적으로 진행되는 사업 방식, 그리고 낮은 보상가에 대한 불만이 크기 때문으로 보입니다. 따라서 현재 추세대로라면, 수년이 지나도 서울이나 수도권 등의 핵심지역에 신축 주택이 충분히 공급되기는 힘든 형편으로 보입니다.

---

77 한겨레신문(박은경, 2021.11.22), "공공택지 개발 곳곳서 반대… 힘 못 쓰는 정부 주택공급 정책".

유례를 찾기 힘든 저금리도 주택가격 상승 요인

그런데 한 가지 의문이 제기됩니다. 주택 공급이 부족한 것은 오래된 일인데, 왜 2020년부터 주택가격이 급등했을까요?

저는 제로 금리환경이 조성된 것이 결정적이었다고 봅니다. 자기 돈만 가지고 주택을 구입할 수 있는 사람들은 극소수에 불과하며, 대부분의 사람들은 주택을 구입하기 위해 빚을 져야 합니다. 그리고 빚을 질 때 가장 중요하게 보는 지표는 이자율입니다.

예를 들어 3억원을 빌려 5억원짜리 아파트를 구입하는 입장에서 볼 때, 이자율이 5%일 때와 2%일 때의 의사결정이 크게 달라질 것입니다. 대출금이 3억원이니, 이자율이 5%일 때에는 연간 1,500만원의 이자를 갚아야 합니다만, 이자율이 2%일 때에는 이자가 단 600만원에 불과합니다. 따라서 이자율이 떨어질 때에는 '주택 사자' 세력이 몰릴 수밖에 없습니다.

물론 2019년 12.16 부동산 대책의 영향으로 초고가 아파트(15억원 이상)에 대한 주택구입용 담보대출이 전면 금지되는 등 강력한 대출 억제대책이 진행된 것은 분명한 사실입니다.[78] 그러나 시장에 대출해주려는 금융기관들이 은행만이 아니기에, 다른 형태로도 얼마든지 대출이 가능하죠.

가장 대표적인 레버리지 수단이 바로 '갭투자'입니다. 전세를 끼고 집을 사면, 굳이 은행이나 금융기관에 가서 대출받지 않더라도 주택을 구입할 수 있기 때문이죠. 특히 2020년 8월에 시행된 '임대차3법' 이후 전세가격이 급등한 것이 갭투자를 더욱 부추기는 요인으로 작용했습니다.[79]

KB부동산에서 집계한 서울 아파트 전세가격지수의 흐름을 보면, 2019년과 2020년 각각 0.2%와 4.5% 상승에 그쳤지만 2021년(1~11월 기준)은 무려 15.1% 상승했습니다. 특히 경기도 아파트 전세가격지수 상승률은 2019년 -1.4%이던 것이 2020년과 2021년(1~11월 기준)에는 각각 3.5%와 14.5%로 돌아섰습니다.

---

78 기획재정부(2019.12.16), "주택시장 안정화 방안".

79 조선비즈(2021.10.29), "진보 경제학자들 '文 정부 임대차 3법이 주거 불안 가중'".

주택가격의 급등세가 잡힐 가능성은 없나?

저금리와 전세가격 상승으로 주택 수요가 강한데다, 주택 공급도 부족하니 가격이 상승하는 것은 당연한 일이라 하겠습니다. 그럼, 앞으로도 주택가격이 계속 상승할까요?

저는 그렇게 생각하지 않습니다. 무엇보다 한국 경제는 채찍효과의 영향력이 크다는 것을 잊어서는 안 된다고 봅니다. 1998년이나 2004년, 그리고 2008년처럼 경기가 급격히 나빠지는 시기에는 주택가격도 결국 조정을 받았던 것을 잊지 말아야 합니다. 특히 과거와 달리, 서울과 경기도 등 핵심지역 주택시장에 상당한 거품이 형성되어 있다는 것을 잊어서는 안 됩니다.

가격에 거품이 형성되었다는 것은 두 가지 의미를 가집니다. 하나는 역사적인 잣대에서 볼 때 과대평가된 면이 있다는 것이고, 다른 하나는 부동산 시장의 가격 상승이 격렬하게 진행되어 모멘텀 투자자들이 다수 시장에 진입했다는 것을 의미합니다. 여기서 모멘텀 투자자란, 전세나 월세로 사는 것보다 주택을 구입하는 게 이익인지를 따져본 '실수요' 세력의 반대편에 서 있는 투자자들을 의미합니다. 모멘텀 투자자들은 "가격이 오를 것이라는 예상에 힘입어 주택을 매입하는" 사람들을 뜻합니다.

모멘텀 투자자는 시장에 유동성을 공급해주고, 또 다양한 재료를 가격에 신속하게 반영시키는 등 여러 순기능을 수행하곤 합니다. 그러나 자산가격에 버블이 형성될 때에는 이들이 시장의 붕괴를 촉발하고 또 충격을 키우는 역할을 한다는 것을 잊어서는 안 됩니다.

예를 들어 경기가 어떤 외부충격으로 갑자기 나빠진다면, 일부 모멘텀 투자자들은 보유하던 주택을 매도하는 방향으로 쏠릴 가능성이 높죠. 그리고 이 결과 실거래 가격이 하락하면, 이는 다른 모멘텀 투자자들에게 주택시장이 상승 추세에서 하락 추세로 전환되었음을 알리는 신호로 작용할 수 있습니다. 특히 이때 금융기관들이 대출을 축소하는 등 이른바 '신용경색'이 발생한다면 연쇄적 매도 사태가 벌어질 수도 있죠.

따라서 저는 2021년 말의 주택시장 여건이 불안하게 느껴집니다. 물론 "언제부터 하락한다"고 단언할 수는 없습니다. 케인스가 이야기했던 것처럼, 버블은 우리의 예상보다 훨씬 오래 갈 수 있기 때문이죠.

그저 제가 할 수 있는 조언은 "지금은 주택을 구입하기에 좋은 시기가 아니니, 자산배분 혹은 탑-다운 투자를 통해 다음 번 기회를 노리라"는 말이 되겠네요.

한국의 경기동행지수 순환변동치와 주택가격 상승률의 관계

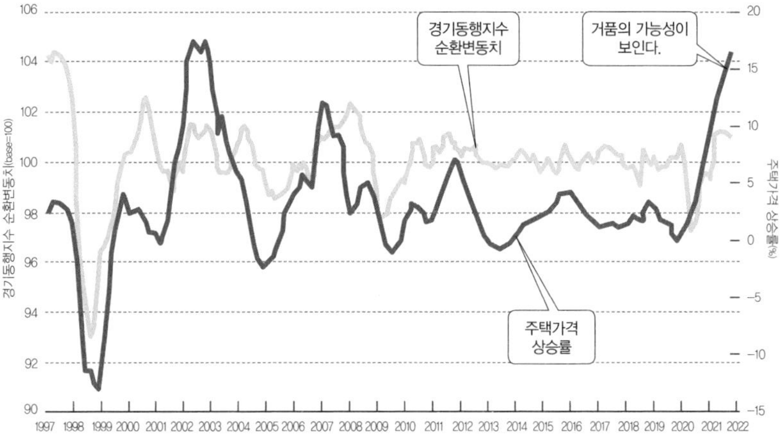

자료: KB부동산, 통계청, 리치고 인베스트먼트 작성

부디 제 책을 읽은 독자들이 쫓기듯 투자하지 않고, 불황이 올 때 오히려 더 큰 부를 일굴 수 있기를 바라는 마음 간절합니다.

'돈 좀 굴려봅시다' 후 10년, 나의 투자 이야기

내 투자 인생을 바꾼 한 권의 책

나의 첫 투자는 은행 동기의 부탁으로 가입했던 주식형 펀드였다. IT 부서에 발령받은 공대 출신의 나는 은행원이었으나 금융맹이었고, 주식이나 투자 같은 단어는 내 삶과 무관하다고 생각했다. 그러던 어느 날 내 펀드의 수익률이 20%가 훌쩍 넘은 것을 보고 눈이 번쩍 뜨였다. '아, 이런 세상이 있구나?'

그 후 얼마 지나지 않아 여유자산 전체를 펀드에 투자했고, 닥치는 대로 열심히 공부했다. 매년 늘어가는 잔고와 높은 수익률을 보며 의기양양해 하던 즈음, 2008년 글로벌 금융위기가 터졌다.

여기저기서 배운 대로 분산한답시고 나누어 놓은 20여 개의 펀드가 그렇게 동시에 하락하는 모습을 보며, 얼마나 허탈하고 힘들었는지 모른다. 분산은 위험을 낮춘다고 했으나, 실전은 그렇지 않았고, 대응을 하는 과정은 상당히 쓰라렸다.

그 와중에 갖고 있던 중국 펀드 하나는 중국 지수가 반토막 넘게 떨어졌는데도 상당한 수익이 났다. 알고 보니 비용이 아까워 환헤지를 안 한 덕분에 환율 급등의 수혜를 고스란히 입고, 다른 펀드와 다르게 큰 수익이 났던 것이다.

큰 수익과 큰 손실을 두루 겪으며 투자자의 희로애락을 겪던 나는 은행의 제도에 합격하여 2012년 MBA 대학원에 진학했다. 투자공부를 제대로 해보겠노라며 금융공학을 가르치는 학교를 선택했다. 한참 학교생활을 하던 무렵, 그러니까 지금으로부터 10년 전쯤 『돈 좀 굴려봅시다』가 출간됐다.

평소 저자 블로그의 열혈팬이었던 나는 바로 책을 사서 읽었고 충격을 받았다. 그럴 듯한 시나리오나 글솜씨만으로 주장하는 것이 아닌, 데이터로 논리를 설명하는 책은 처음이었다. 책의 모든 데이터를 따라 검증해보며 다시 한 번 놀랐던 기억이 새록새록하다.

특히 인상적이었던 것은 자산배분 투자법에 대한 내용이었다. 여태까지 배운 지식이 깨지며 새로운 세상을 맞이하는 기분이었다. 대학원에서 접하던 다양한 논문들의 학술적인 내용들과도 상통했다. 학문과 실무가 이렇게 잘 조합될 수 있구나라는 생각과, 실제 투자에도 충분히 접목할 수 있다는 점에 매력을 느껴 자산배분을 더 깊이 공부했다. 덕분에 나는 자산배분 포트폴리오에 대한 연구로 석사학위를 받았고, 이때 배우고 익힌 내용을 실제 투자에도 적용해 좋은 성과를 내고 있다.

팬심 덕분인지 원인 모를 인연 때문인지 저자이신 홍춘욱 박사님과 종종 얼굴을 보는 사이가 되었다. 그리고 어느 날 홍 박사님의 권유로 책을 집필하게 되었는데 그 책이 나의 졸저 『마법의 돈 굴리기』이다. 내 책은 『돈 좀 굴려봅시다』에 나온 '한국형 자산배분 전략'의 후속편이자 상세 버전이라 할 수 있다. 내게 강의를 처음 추천해 주신 분 역시 홍 박사님이다. 투자의 신세계를 열어주셨을 뿐 아니라 평범한 월급쟁이에게 '작가', '강사'라는 세상의 문을 열어주신 홍 박사님은 사회생활을 하며 만나기 쉽지 않은 스승이자 선배이자 롤모델이다.

『돈 좀 굴려봅시다』는 내 투자인생을 바꿔준 책이다. 그뿐이 아니다. 평범한 직장인에서 작가이자 강사로, 핀테크 스타트업으로의 이직까지 이 책은 내 인생을 바꿨다. 이 책의 전면 개정판인 『돈의 흐름에 올라타라』가 많은 독자들의 투자에 도움이 될 것임을 믿어 의심치 않는다.

- 김성일

(『마법의 연금 굴리기』 저자, 리치고 인베스트먼트 최고투자책임자)

'돈 좀 굴려봅시다' 후 10년, 나의 투자 이야기

어머니가 싸준 도시락처럼 꾹꾹 눌러 담은 책

『돈 좀 굴려봅시다』를 접한 것은 2013년 11월이었다. 말랑말랑한 제목과 달리 내용은 딱딱하다는 게 첫 인상이었다. 그리고 그것을 마치 어머니가 싸준 도시락처럼 꾹꾹 눌러 담아 숟가락을 넣기가 힘들다는 생각이 들 정도였다.

그래도 대학생 시절 경제학 원론 수업을 들었다는 자존심 하나로 읽어 내려가기 시작했다. 다른 경제 관련 교양서에서는 설명이 충분하지 않거나 파편적으로 다루고 있는 내용들을 묶어서 설명해주었고, 우리나라의 경제현실과 관련한 내용들이 많아 무역 분야와 관련한 회사 업무, 그리고 개인의 자산투자 양쪽에서 큰 도움을 받아왔다. 구체적으로 어떤 내용들이 그랬는지, 여기서는 이 책에서 영감을 받은 나의 투자 경험담을 나누고자 한다.

한국인만 누리는 특권: 경기 회복기의 산업주 투자

책을 읽은 후 주식투자를 본격적으로 시작하며 가졌던 아이디어가 ① 우리나라 수출이 호조를 보이면서, ② 기업들의 이익전망이 좋아졌을 때, ③ 호황이 예상되는 몇 개의 산업군 대표종목에 투자를 하는 것이었다.

책에서 다룬 '채찍효과'처럼, 이것은 수출경기에 민감하면서, 제조업 여러 분야에 상위 기업들이 다수 포진한 한국만 누릴 수 있는 투자기회라고 생각했기 때문이다. 다만, 이런 시기가 항상 있었던 것은 아니다. 2015년 이후로 보면, 2017년, 2020년, 2021년(진행 중)이 해당되지 않나 싶다.

그래서 2017년에는 철강, 그다음에 정유업에 순차적으로 투자하여 만족할 만한 수익률을 얻었다. 2020년 상반기는 코로나19로 고생했지만, 그해 하반기에는 화학과 반도체 소재에 좀더 많은 비중을 담아 지수나 다른 산업군보다도 나은 성과를 낼 수 있었다.

2021년 초에는 철강에 투자하여 다시 한 번 수익을 냈다가 이후에는 건설, 정유, 은행에 분산하여 투자하고 있다. 이 중 2020년 하반기에서 2021년에 걸쳐 진행 중인 큰 흐름은 '경기 및 물가 사이클에 따른 산업별 투자전략'에서 아이디어를 얻은 것이다.

하지만 앞서 말했듯, 이렇게 특정 산업에 접근해서 수익을 낼 수 있는 기간이 항상 있는 것은 아니다. 우리나라 수출이 상대적으로 부진하면서, 성장주가 주식시장을 지배했던 2018년과 2019년에는 수익률이 부진했다. 이런 시기에 더 잘 버티기 위해서 산업별 대표 종목을 고를 때에는 배당을 주는 종목을 위주로 선택하고,[1] 불안한 시기에는 일단 보유량을 줄였다가 월급에서 매달 적립하는 금액으로 다시 조금씩 매수하는 등의 방법을 택했다. 이 방법은 급등했을 때 수익을 다 누리지 못한다는 단점도 있었지만, 종목이 정체기나 하락기였을 때 심리적 버팀목이 되었다.

노후준비: 절세계좌를 활용한 자산배분 투자

해외펀드나 개별종목에 투자하여 성과를 냈지만, 요즘 가장 큰 관심을 두고 있는 것은 자산배분이다.

회사를 11년 정도 다니다 보니 노후준비가 신경이 쓰이기 시작했기 때문이다. 또한 개별종목 투자를 6년 정도 하다 보니 수익을 내기는커녕 원금을 지키는 것도 쉽지 않을 때가 있다는 것을 실감했다. 오죽했으면 워런 버핏도 투자의 제1원칙으로 "절대로 돈을 잃지 마라"라

1 배당이 주는 심리적 효과에 대해서는 켈리 라이트의 『절대로! 배당은 거짓말하지 않는다』나 피트 황의 『치과의사 피트 씨의 똑똑한 배당주 투자』를 참고하면 좋다.

고 하고, 다시 제2원칙으로 "제1원칙을 절대 잊지 마라"라고 했겠는가.

앞서 설명했던 두 가지 투자 역시 탑-다운 접근이긴 하지만, 여전히 불안한 면이 있다. 그런데 자산(군)의 상관관계를 이용해서 남은 위험조차 줄일 수 있는 자산배분 투자는 상당히 매력적으로 다가왔다. 그래서 2018년부터 ISA(개인종합자산관리계좌), 2019년부터 연금저축 계좌와 IRP(개인형 퇴직연금) 계좌에서 미국 주식, 미국 채권, 신흥국 주식, 한국 채권, 금 등 5가지의 ETF를 자산배분 방식으로 투자하고 있다.[2]

자산배분 투자는 수익률도 안정적이지만, 리밸런싱을 할 때를 제외하고는 거의 신경을 쓸 필요가 없다는 점이 매력적이다. 월급쟁이로서 매년 받는 세액공제도 무시할 수 없는 덤이다.

마치며

골프 선수 타이거 우즈는 자신의 인종 정체성을 언급할 때, 백인, 흑인, 인디언, 아세안을 합한 캐블리네시안(Cablinasian)이라는 단어를 만들어 스스로를 설명하기도 했다.

투자의 세계도 이와 비슷한 것 같다. 나 역시도 자산, 투자금의 성

2 비과세 계좌에서의 국내상장 ETF를 이용한 자산배분 투자에 대해서는 김성일 작가의 『마법의 돈 굴리기』와 『마법의 연금 굴리기』를 참고하면 좋다.

격, 운용 가능기간, 기대수익률, 계좌의 특성 등에 따라 각각 다르게 접근한다. 그래서 스스로를 어떤 투자자라고 하나로 꼬집어 설명하기가 힘들다. 분명한 것은 내 자산을 지키기 위해 투자를 하고 있고, 스스로에게 맞다고 생각하는 아이디어를 택해서 실행하기 위해 노력하고 있다는 점이다.

덕분에 지난 6년간 연복리 12% 정도의 수익을 기록하고 있다. 가상화폐 투자로 대박을 낸 것처럼 당장 FIRE(Financial Independence, Retire Early, 경제적 독립, 조기은퇴) 할 정도는 아니지만, 월급쟁이에게는 충분히 과분한 성과다.

아직도 많은 사람들이 투자는 하고 싶지만, 어떤 투자방식이 자신에게 맞는지를 찾고 싶어 한다고 생각한다. 그 길에서 이 책 『돈의 흐름에 올라타라』를 만났다면, 일단 잘 왔다고 하고 싶다. 본인에게 맞는 투자방식이 무엇이든, 충분히 영감을 줄 만큼 좋은 아이디어를 많이 담고 있기 때문이다. 이 책을 하나하나 해부해서 부디 '자신의 길'을 찾았으면 좋겠다.

- 붉은노루(네이버 블로거)

EPILOG

『돈 좀 굴려봅시다』 발간 이후 10년이 지나면서 "개정판을 써 달라"는 요청이 쇄도했습니다. 특히 책을 발간했던 출판사인 스마트북스에서도 매년 개정판 출간을 바라는 독자들의 목소리를 전달했죠. 그럼에도 불구하고 『돈의 흐름에 올라타라』의 발간이 늦어진 것은 저의 게으름 때문입니다. 그리고 10년 전 책을 쓸 때, 너무 열정을 기울여 썼기 때문인지, 책의 한 부분만 수정하는 식으로 개정판을 쓰는 게 너무 어려웠습니다.

결국 개정판이 아닌 새 책을 쓰기로 결심했지만, 스위칭 전략과 자산배분 전략 중심의 내용이 독자들에게 어떻게 비춰질지에 대해서도 고민이 많았습니다. 결국 이 과정에서 일종의 절충이 이뤄졌습니다. 『돈 좀 굴려봅시다』의 내용을 보완하는 것은 책 뒷부분의 부록(Appendix)으로 돌리고, 『돈의 흐름에 올라타라』는 온전히 탑-다운 투자전략을 다루는 책으로 전환했죠.

진지한 투자자들의 책상 위에 빠짐없이 올라가는 책을 만들겠다는 목표를 가지고 썼지만, 책을 막상 내놓으려니 두려움이 앞섭니다. 부디 많은 분들이 이 책을 통해 탑-다운 투자, 그리고 자산배분 투자의 신세계를 맛보시기를 바라는 마음 간절합니다. 그리고 난삽한 원고를 정리하느라 수고하신 스마트북스 관계자 분들에게도 감사하다는 말씀 덧붙입니다.

끝으로 책을 쓰는 내내 의견을 개진하고 교정을 봐준 사랑하는 아내 주연, 아빠 따라 카페 순례길을 따라와준 막내 아들 우진, 투덜대면서도 책 내용에 대해 조언해준 큰 아들 채훈, 그리고 아들 잘되라고 늘 기도하시는 어머님과 사랑하는 두 동생 지영과 주영에게 이 책을 바칩니다.

2022년 1월 저자 홍춘욱